COLLECTION **MIEUX SE CONNAÎTRE**

A. Duluc | J.-L. Muller | F. Vendeuvre

La PNL pour tous

Comment améliorer son quotidien

esf EDITEUR

Merci à nos maîtres en PNL, Josiane de Saint Paul, Alain Cayrol, Hélène Blanchard, Gérard Zymanski et Brian Van der Horst.

Merci à nos lecteurs qui stimulent notre envie de partager.

Directeur : Pierre-Olivier Bonfillon
Directrice éditoriale : Françoise Kerlo
Responsable d'édition : Virginie Hamelin, assistée de Violaine Savatier
Chef de fabrication : Flora Bellanger
Mise en page : Chloé Sadoun, polnor@wanadoo.fr
Illustrations : Jean-Louis Cornalba

ISBN : 978-2-8104-1924-1
Dépôt légal : octobre 2016
Imprimé en Pologne par Dimograf

FSC www.fsc.org
MIXTE
Papier issu de sources responsables
FSC® C018236

COLLECTION **MIEUX SE CONNAÎTRE**

Mieux se connaître et rééquilibrer sa vie pour être en harmonie avec soi-même, tel est le défi auquel chacun aspire.

Cette collection s'adresse à toutes les personnes en quête d'épanouissement personnel et de bien-être.

Rédigé par des experts reconnus, chaque ouvrage traite avec clarté un thème essentiel de développement personnel. Forts de leur riche expérience professionnelle, les auteurs proposent à l'appui de leurs propos des exercices et des mises en situation.

Le lecteur devient ainsi l'acteur de son changement.

Retrouvez les autres titres de la collection :
S'estimer pour réussir sa vie
Soyez un stressé heureux
La magie des émotions
Devenez meilleur négociateur que vos enfants !
Devenez meilleur négociateur que votre (ex) conjoint !
Donnez du sens à votre vie avec la méthode N.E.W.S.™
La méditation de pleine conscience pas à pas
Vivre le bonheur !
Soyez un retraité heureux
Se réconcilier avec le temps
Exprimer sa gratitude pour vivre heureux

« La seule limite
à notre épanouissement de demain
sera nos doutes d'aujourd'hui. »
Franklin Delano Roosevelt /
Message pour Jefferson Day
13 Avril 1945

INTRODUCTION

Une démarche qui accélère la réussite personnelle et favorise l'épanouissement

Celles et ceux qui n'avaient pas connaissance de la programmation neuro-linguistique (PNL) avant son invention étaient heureux sans elle. Celles et ceux qui se sentent bien et qui ne liront pas ce livre continueront à être épanouis.
Mais la PNL contribue au bien-être avec soi et les autres en prenant la vie du bon coté. Notre objectif est de vous aider à vous épanouir et à avoir le sentiment de réussir votre vie, plus rapidement et avec plus de plaisir.

Le compagnon qui apprenait à l'apprenti les gestes efficaces grâce à l'imitation appliquait la PNL sans le savoir. Le médecin qui commence par vous écouter, puis vous ausculte, puis émet un diagnostic, puis prescrit un remède, applique lui aussi un programme de réussite. Lorsque notre grand-mère nous racontait des histoires pour nous imprégner des valeurs morales, elle savait intuitivement que les contes et légendes provoquaient des émotions et des réflexions.
Dans toutes les civilisations, il existe des mythes et des légendes qui suggèrent avec des paraboles et des métaphores quelles sont les conduites humaines appropriées dans un contexte donné.
Également dans le monde professionnel, les méthodes d'innovation qui reposent sur l'imitation des meilleures pratiques chez les confrères et concurrents pourraient être assimilées à la PNL.

La réussite existait avant la PNL et elle subsiste sans la PNL. Ce n'est pas la PNL qui réussit, ce sont les personnes. Cette méthode décortique les attitudes et comportements efficients pour les traduire en modèles d'excellence.
Qu'appelons-nous réussite ? Tout simplement le fait d'arriver à ses fins

et d'atteindre les buts escomptés. Pour certains, réussir, c'est parcourir une trajectoire professionnelle ascendante ; pour d'autres, il s'agit de s'épanouir au travail, en famille, de manière équilibrée en apprenant de leurs expériences. D'autres encore estiment que leur réussite réside dans la réussite de leurs enfants ou en vivant leur passion.
On peut réussir sa vie de famille, comme dans les arts, en amour, dans le sport et les affaires. On peut aussi réussir à… se rendre malheureux.

La programmation neuro-linguistique ne s'autorise pas à juger qu'une réussite est meilleure qu'une autre. Plus simplement, elle nous signale que si nous obtenons les résultats que nous escomptions, nous avons réussi.
Ainsi, si mon objectif est de faire aimer la musique à mes enfants et que j'y arrive, j'ai réussi. Si l'objectif d'un parent est de développer la réussite scolaire de ses enfants et qu'il y parvient, il a réussi. Si un couple d'amis souhaite abandonner sa vie trépidante pour se consacrer à un gîte rural et qu'il y parvient, il a réussi. Si votre objectif est de reprendre le sport et que vous parvenez à faire un jogging par semaine, vous avez réussi. À titre de provocation, si j'ai envie de ne pas être aimé de certaines personnes et que j'y parviens, j'ai réussi.
Chaque instant de notre vie produit des résultats. Si ces résultats sont désirés, c'est une réussite, sinon, c'est un échec. Ceci dit, nous aborderons dans cet ouvrage des méthodes qui permettent de transformer des échecs en réussite. En d'autres termes, nous disons en PNL qu'il n'y a pas d'échec, mais du « feedback » nous permettant de décider à nouveau.

La PNL est une approche mise au point dans les années soixante-dix aux États-Unis par Richard Bandler, informaticien et psychologue, et John Grinder, linguiste et psychologue. Ils observèrent comment des communicateurs reconnus et appréciés s'y prenaient pour être efficients. Leur thèse repose sur l'idée que si nous arrivons à repérer comment une personne s'y prend pour réussir en décodant son « programme », nous pouvons nous en inspirer pour réussir nous-mêmes.

Le « programme » dont il est question ici reproduit les attitudes et comportements, ce que pense la personne au moment où elle agit, ses émotions, les valeurs qui la guident, les objectifs qu'elle poursuit... et bien d'autres composantes présentées dans ce guide pratique.
La PNL permet aussi de repérer les programmes d'échec du type : « De toute façon, je sais que cela ne marchera pas », ou bien : « Je n'ai jamais été capable de... », ou encore : « Dès que je passe la porte de mon chef, je perds tous mes moyens. »
Nous communiquons pour mettre en commun des faits, des sentiments, des valeurs et surtout pour influencer les autres. D'ailleurs, à quoi serviraient les parents s'ils n'influençaient pas leurs enfants ? À quoi serviraient les médecins si les patients décidaient d'eux-mêmes de leur prescription ? À quoi serviraient les vendeurs si tous les clients achetaient spontanément les produits ou services proposés ?

Les aptitudes à la communication ont la « cote » aujourd'hui dans notre société. Les enseignants, les politiques, les managers, les vendeurs, les savants, les artistes ont intérêt à être de bons communicants. Le savoir seul ne suffit plus, il convient de « savoir faire savoir ». La programmation neuro-linguistique est plus rapide que l'expérimentation tâtonnante, elle économise notre énergie grâce à l'imitation créative des modèles d'excellence mis à notre disposition.
De plus, aujourd'hui, nos sociétés sont en pleine mutation, le rythme des changements s'accélère, les conditions de vie et de travail sont objectivement plus stressantes.
Née du Mouvement pour le Développement du Potentiel Humain sur la Côte Ouest des États-Unis dans les années soixante-dix, la PNL prend encore aujourd'hui tout son sens. Cette démarche disposant de nombreux outils pratiques est aussi une philosophie pour gouverner notre vie au plus près de nos désirs et de nos rêves dans cette période turbulente.
La PNL accorde à l'être humain et à ses rêves une place prépondérante : rêver sa vie et vivre ses rêves.

Nous nous engageons à écrire ce livre pour tous, et avec les mots de tous les jours.

SOMMAIRE

LES OUTILS DU BIEN-ÊTRE

Les autodiagnostics

Les exercices

page

1

Le B.A.-BA de la PNL

Le défaut de la programmation neuro-linguistique est son vocabulaire un « tantinet barbare ». Vous êtes nombreux à penser que cette approche est trop compliquée pour vous et reste le domaine réservé des psychologues et des experts. Il est vrai que les mots : *synchronisation, métamodèle, ancrage, sous-modalités, kinesthésique*... ont de quoi effrayer ou faire rire.

Et pourtant, derrière ce vocabulaire sophistiqué, les méthodes et techniques issues de la programmation neuro-linguistique (nous emploierons l'abrégé PNL) se révèlent utiles pour tous et dans tous les domaines de la vie. Nous passons en effet la majeure partie de notre temps à

communiquer avec les autres. Chacun d'entre nous fait des rencontres, reçoit, émet des critiques, explique, persuade, suscite des changements...
Commençons donc par faire nos premiers pas dans la PNL. Ayons en une idée claire. Racontons son histoire. Ressentons son état d'esprit.

Que veulent dire les trois lettres PNL ?

P POUR PROGRAMMATION

Le mot **Programmation** nous indique que nos attitudes et comportements habituels sont programmés à partir de nos expériences et des modèles mentaux que nous élaborons tout au long de notre vie.
Nous créons, appliquons, reproduisons, abandonnons et modifions ces modèles lors des événements imprévus et des rencontres que nous faisons.
Chaque acte peut être ainsi traduisible en programme. Les manières dont nous échouons, stagnons ou réussissons sont explicitées et modifiables.
Par exemple, si avant d'exprimer une idée, je me dis : « Je ne suis pas très sûr d'avoir les idées claires, et de toute façon les autres ne m'écouteront pas ! », je me programme pour vivre des difficultés, voire pour ne pas m'exprimer. Ce programme d'échec est renforcé si en plus j'imagine mes interlocuteurs me regardant avec des yeux moqueurs ou réprobateurs. Voilà un merveilleux programme pour accroître son stress, être tétanisé par le trac et bafouiller lamentablement devant ses interlocuteurs.

Si avant d'exprimer cette même idée, je me dis : « Pour faire avancer la résolution du problème, mon opinion est importante, même si mes idées ne sont pas encore très claires ; c'est une contribution pour la solution ». Je me programme pour m'exprimer avec aisance et sérénité.

Cet exemple est une simplification pédagogique car les messages internes, les visions imaginaires et les émotions ressenties dans une situation donnée sont la résultante de programmes construits antérieurement.
Face à une situation identique, différentes personnes vont programmer des attitudes et comportements différents. Les programmes sont subjectifs et personnels.

Prenons par exemple les réactions possibles d'un parent face aux critiques d'un professeur à l'égard de l'un de ses enfants.
Nos pensées, à un moment donné, génèrent un programme mental qui oriente notre action.

Exemples de programmes différents à la suite d'un événement identique :

Pensée	Programme mental	Action
« Qui a entrainé mon enfant dans cette histoire ? »	« Il existe un fautif chez ses camarades »	Rechercher qui a pu l'entrainer
« J'aurais dû mieux surveiller ses devoirs »	« J'ai fauté » ou « je suis coupable »	S'excuser et se justifier auprès du professeur
« De toute façon les profs ne sont jamais contents »	« Les profs sont négatifs »	Trouver des arguments et des faits qui vont mettre en lumière que le professeur a tort.
« Cela fait six mois que je réclame des cours de rattrapage »	Critiquer l'institution et le système	Dégager sa responsabilité ainsi que celle de son enfant.
« S'il n'est pas content, il n'a qu'à aller voir ailleurs »	«Les profs sont nuls »	Ne pas répondre ni rencontrer le professeur
« Rencontrons ce professeur au plus vite pour comprendre »	« C'est normal d'avoir des problèmes, transformons-les en opportunités de progrès »	Écouter le professeur pour comprendre et trouver avec lui une solution acceptable pour tous

Chaque programme, loin d'être une génération spontanée est une construction qui s'élabore au quotidien et prend en compte les expériences du passé et les modèles mis à notre disposition. Le décodage de nos propres programmes est le premier pas pour les faire évoluer, et les rendre plus performants si nécessaire.

N POUR NEURO

Le mot **Neuro** fait référence au système neurologique dans son ensemble. Le système nerveux est le centre où s'élaborent les grandes fonctions sensitives, motrices et associatives.
Nos rapports avec l'environnement sont sensoriels. Nos yeux, nos oreilles, notre nez, nos papilles, nos mains sont des capteurs qui nous apportent des informations partielles sur le monde qui nous entoure. Nous disposons de cinq sens que la PNL nomme **VAKOG**.

- **V pour visuel :** ce que nous voyons grâce à nos yeux et aussi ce que nous imaginons. Une image, un fantasme, un rêve sont en fait des visualisations.
- **A pour auditif :** ce que nous entendons avec nos oreilles et aussi ce que nous nous disons dans notre for intérieur. Les encouragements que nous nous formulons à nous-mêmes : « C'est bon, tu es sur la bonne voie », ou les pensées féroces du type : « Je sais que je n'y arriverai pas, j'ai toujours été stupide », ressortent de l'auditif.
- **K pour kinesthésique :** ce que nous touchons et palpons avec nos membres et notre corps. Les sensations internes, les frissons, les enthousiasmes, la peur panique, les « coups de fouet » en situation de stress sont des manifestations kinesthésiques.
- **O pour olfactif :** ce que nous sentons avec notre nez, les odeurs agréables et désagréables étant éminemment culturelles. Certains fruits asiatiques très appréciés par les Thaïlandais et les Birmans dégagent une odeur qui fait fuir de nombreux Occidentaux. D'après les neurologues, l'odorat est l'expérience sensorielle la plus archaïque et la plus puissante chez les êtres humains. Nous pouvons en effet être dégoûtés d'une odeur pendant toute notre vie, ou au contraire attirés par une odeur, d'où l'importance des parfums dans les stratégies de séduction.

- **G pour gustatif :** ce que nous goûtons avec nos lèvres, notre bouche et notre palais. Le goût est lui aussi très culturel et est appris dès la prime enfance.

Notons que les cinq sens interagissent entre eux, c'est pourquoi la vue d'un bon plat odorant accompagné d'un vin au bouquet puissant, en compagnie d'un être aimé, avec un fond musical romantique produit un plaisir intense. Certaines personnes sont particulièrement sensibles à la forme du verre pour apprécier un bon vin, d'autres éprouvent du plaisir en fermant les yeux pour écouter le flot du breuvage remplir doucement leur verre.

Outre cette fonction sensitive, le cerveau intervient dans les fonctions motrices en donnant des ordres aux muscles pour permettre de se mouvoir. Il déclenche aussi des réactions émotionnelles. La vue d'une scène particulière peut, par exemple, émouvoir, faire pleurer ou faire fuir.
Enfin, le cerveau est le centre où s'élaborent les fonctions associatives. Ainsi une information externe perçue par nos sens déclenche une réaction car il y a une association entre les deux, il y a un lien créé par un apprentissage antérieur.
Si je vois le feu passer au rouge, je freine. Quand j'entends la voix de mes enfants au téléphone, je souris. Lorsque la personne que j'aime me prend dans ses bras je me détends. Chaque fois que je vois ce client je perds mes moyens. Quand je repense à mes réussites je retrouve du dynamisme.
Cette particularité du cerveau permet de comprendre le fonctionnement des ancrages dont nous parlons plus loin.

L POUR LINGUISTIQUE

Le mot **Linguistique** se réfère au langage que nous employons pour communiquer avec les autres. Le langage est constitué de deux parties : les mots, les expressions et la grammaire, soit le langage verbal. Les gestes, postures et mimiques, le ton de la voix, un soupir, un regard appuyé sont autant de signes décodés par les autres, c'est le langage non verbal.

« Ce que tu es parle si fort que je n'entends pas ce que tu dis. »
R. W. Emerson

De nombreux mots et expressions que nous employons se réfèrent aux sens.

« La moutarde me monte au nez »
« Je ne peux pas voir ce collègue, il m'énerve ! »
« Il faut prendre les choses à bras-le-corps »
« On s'entend bien tous les deux »
« Je sens bien cette méthode, cela m'a frappé tout de suite »
« Enfoncez-vous bien ça dans la tête ! »
« Cela m'a sauté aux yeux tout de suite »
« Tu me dégoûtes! »
« Ce problème me prend la tête »...

À chaque fois qu'un mot renvoie à un canal sensoriel VAKOG, il s'agit d'un prédicat. Voici quelques exemples de prédicats :

Auditif

- j'entends bien
- cela me parle
- le même son de cloche
- cela résonne en moi
- on s'accorde

Kinesthésique
- ça colle
- faut le prendre à bras-le-corps
- on s'engage à fond
- il faut avoir les pieds sur terre
- ça me touche

Olfactif
- je le sens bien
- ça sent le roussi
- l'argent n'a pas d'odeur
- il est puant
- renifler les affaires

Visuel
- je vois bien
- c'est clair
- je suis dans le brouillard
- l'horizon s'éclaircit
- c'est une bonne perspective

Gustatif
- j'apprécie
- ça me met l'eau à la bouche
- l'addition est salée
- ça met du piment dans la vie
- tu me dégoûtes

Programmation, Neuro, Linguistique sont trois composantes inséparables. Elles interagissent les unes sur les autres, ce qui fait de la PNL une approche systémique.
Par exemple, lorsque vous dites à un collègue : « J'aime bien travailler avec toi, je trouve que l'on s'entend bien », les mots ont un impact sur le système neurologique, qui va déclencher des programmes comportementaux.

La liaison des trois termes : programmation neuro-linguistique signifie que si l'on agit sur l'un des termes, les autres sont impactés et peuvent changer. Nous sommes un système complexe où le moindre changement se répercute sur le système.

La PNL considère l'homme comme un système

L'homme, vous le savez bien, est composé d'une tête avec laquelle il pense, d'un cœur avec lequel il ressent et d'un système moteur qui lui permet d'agir sur son environnement.
La PNL traduit ces trois éléments :

- **La tête** nous aide à réfléchir suivant des processus de pensée : réflexion, décision, imagination... La pensée est une dynamique que la PNL nomme Processus Internes (PI) parce qu'elle n'est pas visible directement par observation extérieure.
- **Le cœur**, que notre tradition relie depuis la nuit des temps aux émotions et aux sentiments que les personnes ressentent intérieurement et profondément. C'est pourquoi la PNL nomme la vie émotionnelle les États internes (EI).
- **Le système moteur** qui permet de se mouvoir, de parler, en bref de s'exprimer avec son corps est nommé par la PNL Comportements Externes (CE) parce qu'ils sont observables.

La figure ci-dessous permet de visualiser les interactions et l'interdépendance entre les trois parties de l'être humain.

Les trois composantes de la subjectivité humaine

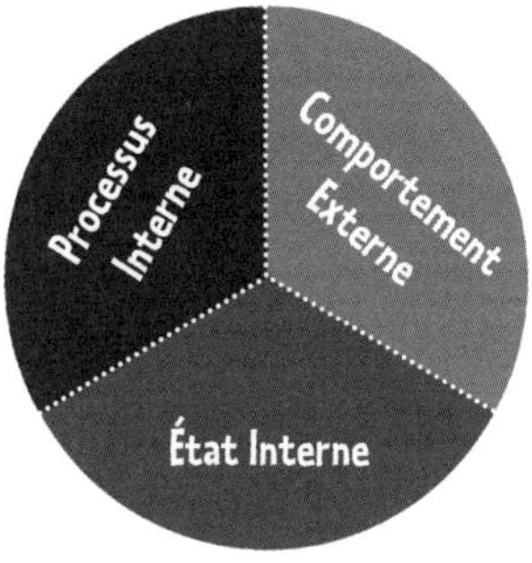

Ce que je dis et ce que je pense influence mes émotions, ce que je ressens influence mes comportements et mes pensées, mes comportements influencent mes pensées et mes émotions.

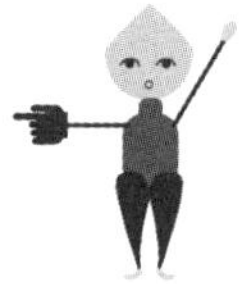

Une personne est triste (État Interne). Elle se dit : « Je n'ai pas de chance » (Processus Interne). Son corps semble inerte, les bras ballants, le regard plongeant vers le sol (Comportements Externes). Proposons à cette personne de lever les yeux et les bras, vous constatez très vite qu'elle a du mal à rester triste.

Notons toutefois, pour rester prudents, que cette action ne supprime pas la tristesse profonde de la personne en cas d'événement très douloureux, mais cela met entre parenthèse la tristesse pendant l'instant de l'expérience.
Ces observations nous aident à repérer en temps réel, au cours d'un échange, les changements comportementaux : gestes, posture, ton, rythme, respiration... Nous sommes informés ainsi, que notre ou nos interlocuteurs sont probablement en train de vivre de nouvelles émotions et sûrement de penser différemment.
Par exemple, vous faites partie d'une association et vous êtes en train d'argumenter face à un potentiel sponsor. À un moment donné, il recule sur sa chaise et pose ses mains derrière la tête. Vous pouvez incontestablement vous dire qu'une nouvelle pensée ou émotion lui traverse l'esprit. C'est sans doute le bon moment pour lui poser une question de contrôle pour comprendre ce qu'il a en tête.
Plutôt que d'interpréter ce nouveau comportement du sponsor, comportement qui peut parfois même vous paralyser, il est préférable de lui demander par quel type de pensée ou sentiment il passe. La vérité est dans sa tête. C'est une perte de temps, d'énergie et d'efficacité que de tirer des plans sur la comète, d'imaginer ce qu'il pense sans lui avoir demandé. Pourtant le réflexe est souvent de faire l'inverse dans ce type de situation, en interprétant sans vérifier.

À quoi sert la PNL ?

Nous communiquons avec efficacité lorsque nous sommes capables de motiver, de nous faire comprendre et de comprendre, et enfin, de faire déboucher cette communication sur du changement et de l'action. En d'autres termes, on peut s'assurer de la pertinence d'une communication quand notre ou nos interlocuteurs trouvent intérêt et envie au maintien de la relation, quand ils sont capables de reformuler ce que nous avons voulu dire et que nous sommes capables de reformuler ce qu'ils ont dit, et surtout lorsqu'ils traduisent dans la pratique les changements promis.

L'efficacité de la communication ne réside pas dans son intention, mais dans les résultats obtenus. La communication et les relations humaines ne sont certes pas des sciences exactes débouchant sur des lois intangibles et universelles. Cela étant dit, l'accumulation des recherches et des expériences en la matière nous permet d'isoler des constantes interdépendantes entre elles.

Quelles sont les constantes efficaces dans les cultures occidentales post-industrielles qu'en PNL nous nommons « critères d'excellence » ? Le vocabulaire PNL est indiqué en italique.

- Poursuivre un objectif précis = *Adopter la stratégie d'objectif.*
- Créer rapidement des relations durables = *Créer et entretenir le rapport.*
- Observer = *Développer son acuité sensorielle.*
- Faire preuve d'adaptabilité = *Faire preuve de flexibilité comportementale.*
- Être cohérent et pertinent = *Être congruent.*

Reprenons ces cinq constantes de la réussite, une à une, sachant qu'il convient de les mettre en œuvre simultanément.

POURSUIVRE UN OBJECTIF PRÉCIS

Avant de se lancer dans une communication, il convient de savoir à l'avance ce que l'on veut. S'agit-il d'informer, de convaincre, d'être apprécié ? Avant de commencer une réunion, un entretien, une note de service, il est utile de se poser la question :

« Quel est mon objectif ? »

Si, par exemple, vous avez un long e-mail à écrire pour le fisc, un rapport ou un article à rédiger pour le travail, nous vous recommandons de commencer d'abord par la conclusion, avant de préparer le plan et le contenu du message.
Si vous souhaitez obtenir des renseignements de la part d'un vendeur, au sujet d'un écran plat de dernière technologie, annoncez votre objectif dès le départ. Si vous désirez partir en vacances au mois d'août dites-le. Vous éviterez ainsi le risque de manipuler ou de rentrer dans une situation d'incompréhension. Incitez vos interlocuteurs à exprimer, eux aussi, le plus rapidement possible leurs objectifs lorsqu'ils vous dérangent ou émettent des idées que vous n'aviez pas prévues.

CRÉER RAPIDEMENT DES RELATIONS DURABLES AVEC CHACUN DE VOS INTERLOCUTEURS

L'adage populaire : « C'est la première impression qui compte » se vérifie en matière de communication. Si, dès le début de la communication, vous instaurez un climat désagréable pour vos interlocuteurs, ceux-ci n'ont pas envie de vous écouter, encore moins de dialoguer avec vous. Les communicants efficaces recommandent d'appliquer **la règle des « cinq-vingt »**. Ils savent qu'ils ont peu de temps pour attirer l'attention de leurs interlocuteurs.
Quelle est cette règle des « cinq-vingt » ? Les vingt premières secondes, les vingt premiers mots, les vingt premiers gestes, les vingt premiers pas, les vingt centimètres carrés du visage.
Par exemple, si, à l'occasion d'un cocktail, vous vous retrouvez au sein d'un groupe de personnes que vous ne connaissez pas, et

débutez votre discours en hésitant, en regardant le sol, la mine renfrognée, en employant des termes tels que « nous pouvons essayer de », « peut-être », « il faudrait qu'on se rapproche de l'estrade »… vous instaurez alors une ambiance de doute, d'apathie, de démotivation.
Au contraire, quand vous vous adressez à votre auditoire avec des termes actifs, « rapprochons-nous de l'estrade » en regardant vos interlocuteurs et en accompagnant vos propos de gestes d'ouverture, vous captez d'emblée l'attention de votre auditoire. La règle des « cinq-vingt » s'applique aussi aux situations de négociation, si vous souhaitez obtenir un rabais lors d'un achat, par exemple.

OBSERVER

Quand vous vous adressez à vos interlocuteurs, concentrez votre attention sur eux. Vous remarquerez ainsi leurs attitudes d'accord, de désapprobation ou de doute. Par exemple, quand une personne vous dit « oui », elle peut très bien signifier « non » avec le ton de sa voix, les mouvements de sa tête et de ses épaules. Une mère sait très vite quand son enfant lui dit un mensonge.
Concentrer son attention, c'est également être à l'écoute des observations et des craintes de ses interlocuteurs. Il n'y a pas plus éloquent que celui qui ne dit rien.

FAIRE PREUVE D'ADAPTABILITÉ

« Pour apprendre le latin à Luculus, il faut connaître le latin, Luculus et surtout la méthode adaptée à Luculus. »

En communication, ce qui compte ce sont les résultats et non les intentions. Les arguments les mieux orchestrés peuvent se révéler incompréhensibles pour votre auditoire. Vous avez beau avoir raison sur le fond, si vos propos heurtent ou font peur aux autres, ils n'ont pas envie de vous écouter. Dans ces cas, grâce à votre sens de l'observation, changez l'organisation de la présentation de vos arguments. Persister, en répétant les mêmes arguments, équivaudrait à vous enfoncer encore plus dans l'erreur. L'expérience est parfois une manière de répéter les mêmes erreurs, plus rapidement. Les parents qui se fâchent avec leurs enfants au moment des devoirs du soir à la maison comprennent bien cette impasse. Le plus difficile est de trouver une autre stratégie de communication.

ÊTRE COHÉRENT ET PERTINENT

Combien de changements échouent-ils à cause du fossé entre le dire et le faire ? Prenons l'exemple d'un dirigeant qui prône la réactivité et la flexibilité et qui signe le courrier en huit jours ; ou encore celui qui annonce une campagne de réduction des frais généraux et qui arrive la semaine suivante avec une nouvelle voiture de fonction haut de gamme.

Quand vous faites un compliment ayez un visage souriant. Quand vous émettez un reproche, accompagnez vos dires par un geste approprié, sans afficher un sourire ironique.

Lorsque vous voulez faire passer un message important, vous pouvez gâcher votre effet en annonçant : « J'ai une petite communication à vous faire ».

La présentation pédagogique de ces cinq critères d'excellence pourrait induire qu'ils interviennent dans un ordre chronologique : d'abord avoir un objectif précis, puis créer des relations durables et ainsi de suite. Dans la pratique, ces cinq critères s'appliquent simultanément.

La PNL permet d'intégrer les expériences subjectives et objectives et d'en tirer des savoir-faire en matière de communication, d'expression, de bonne entente ou de négociation.

La PNL nous aide à obtenir ce qu'on veut et à orienter notre vie selon nos désirs, encore faut-il savoir faire des choix. C'est pourquoi le premier outil développé au chapitre suivant est la stratégie d'objectif.

Avant d'apprendre et d'appliquer la PNL, nous présentons l'état d'esprit de la méthode qui repose sur 5 hypothèses :

1 . Nous savons beaucoup plus que ce que nous croyons savoir. Nous avons tous en nous les ressources nécessaires pour mener à bien notre existence. Il est possible de faire fructifier ces ressources à tout âge de la vie.
2 . Plus nous avons de choix, plus nous sommes efficaces. Le fait de choisir est une marque de liberté. Laisser les autres opérer eux aussi leurs choix, c'est grandir notre propre liberté.
3 . Tout en nous communique. Nous ne pouvons pas ne pas communiquer, nous ne faisons que communiquer.
4 . Ce que nous croyons être la réalité n'est en fait que notre interprétation de cette réalité à travers nos propres filtres, jugements et a priori.
5 . Ce qui valide l'efficacité de la communication n'est pas l'intention mais le résultat.

AUTODIAGNOSTIC

Savez-vous communiquer efficacement ?

Pour vous permettre de repérer les critères d'excellence de la communication, nous vous proposons maintenant un exercice permettant d'apprécier chacun de ces critères, ainsi que leur efficacité.

Dans la colonne « critère », vous notez le numéro choisi :
1. avoir un objectif précis ; 2. Créer et maintenir des relations durables ;
3. Observer ; 4. Faire preuve d'adaptabilité ; 5.Être cohérent et pertinent.

Dans la colonne « efficacité », vous indiquez « oui » si le comportement vous paraît efficace, « non » dans le cas contraire.

Exemple	**N° critère**	**Efficacité**	
		Oui	**Non**
Je regarde mon interlocuteur quand je m'adresse à lui			
Il m'arrive de dire en m'énervant : « Enfonce-toi bien cela dans la tête »			
Je pense qu'il ne faut pas montrer ses sentiments, c'est une marque de faiblesse			
Avant de solliciter un entretien avec mon manager, j'évalue le temps dont j'ai besoin			
Je n'aime pas perdre mon temps en bavardages inutiles sur la pluie et le beau temps			
Les bonnes solutions pour sortir des conflits sont celles où tout le monde y gagne			
Je pense qu'une idée est dépassée dès qu'elle a été exprimée J'accompagne mes compliments et mes critiques par des gestes appropriés			
Prêcher le faux me permet de connaître le vrai			
Au travail, au cours d'une réunion, si deux ou trois participants bâillent, je fais l'hypothèse qu'ils sont fatigués ou qu'ils s'ennuient			
Avant de me lancer dans l'organisation d'une réunion, je vérifie si, à la place, je peux résoudre le problème en menant deux ou trois entretiens rapides			
Quand j'ai un reproche sérieux à faire à l'un de mes enfants, je lui dis en tête à tête.			

RÉSULTATS :

Numéros de critères :
1 : Avoir un objectif précis
2 : Créer et maintenir des relations durables
3 : Observer
4 : Faire preuve d'adaptabilité
5 : Être cohérent et pertinent

	Exemple	**N° critère**	**Efficacité** oui	non
1	Je regarde mon interlocuteur quand je m'adresse à lui	3	X	
2	Il m'arrive de dire en m'énervant : « Enfonce-toi bien cela dans la tête »	2		X
3	Je pense qu'il ne faut pas montrer ses sentiments, c'est une marque de faiblesse	5		X
4	Avant de solliciter un entretien avec mon manager, j'évalue le temps dont j'ai besoin	1	X	
5	Je n'aime pas perdre mon temps en bavardages inutiles sur la pluie et le beau temps	4		X
6	Les bonnes solutions pour sortir des conflits sont celles où tout le monde y gagne	2	X	
7	Je pense qu'une idée est dépassée dès qu'elle a été exprimée	4	X	
8	J'accompagne mes compliments et mes critiques par des gestes appropriés	5	X	
9	Prêcher le faux me permet de connaître le vrai	2		X
10	Au travail, au cours d'une réunion, si deux ou trois participants bâillent, je fais l'hypothèse qu'ils sont fatigués ou qu'ils s'ennuien	3	X	
11	Avant de me lancer dans l'organisation d'une réunion, je vérifie si, à la place, je peux résoudre le problème en menant deux ou trois entretiens rapides	4	X	
12	Quand j'ai un reproche sérieux à faire à l'un de mes enfants, je lui dis en tête à tête.	2	X	

2

« Et maintenant, que faire ? » : la stratégie d'objectif

Vous en savez désormais plus sur ce qu'est la PNL. Reste donc à voir comment celle-ci fonctionne.
À ce titre, la première étape consiste à évaluer son état d'esprit, pour se fixer une stratégie d'objectif. Qu'est-ce que cette stratégie d'objectif et comment peut-elle déjà déterminer votre rapport au monde ? C'est ce que nous allons voir !

« Celui qui n'a pas d'objectifs ne risque pas de les atteindre. »
Sun Tzu

Faire le point sur son état d'esprit

Commençons par une séquence d'introspection. Imaginez que vous viviez ces trois situations, quelles seraient vos pensées et réactions spontanées ?

1ère situation

Mon fils a obtenu le bac avec mention très bien.
J'estime qu'il pourrait poursuivre ses études dans une école préparatoire, mais il affirme qu'il a rempli son contrat en ayant obtenu le bac avec mention et m'annonce qu'il préfère s'inscrire à la faculté et monter en parallèle un groupe musical.

2ème situation

Mon boss m'avait promis une promotion.
Pourtant, il m'annonce que ce n'est plus possible compte tenu d'évènements indépendants de sa volonté.

3ème situation

Cela fait plus de cinq ans que j'essaie des régimes différents pour perdre du poids. Je fais du « yo yo » et en fin de compte j'ai grossi de deux kilos. J'en suis attristé(e).

Prenez cinq minutes pour noter vos émotions et pensées spontanées si vous étiez confronté à ce type de cas.

Vers quel état d'esprit penchez-vous ?
Cochez les phrases vous concernant.

Série A :

- ☐ « Cela ne devrait pas arriver »
- ☐ « Ce n'est pas normal »
- ☐ « C'est de ma faute »
- ☐ « C'est de la faute de l'autre / des autres »
- ☐ « J'aurais dû / il aurait dû / nous aurions dû faire autrement »
- ☐ « Pourquoi en sommes-nous là / en suis-je là ? »
- ☐ « En fin de compte, la vie n'est qu'une suite de problèmes »

Série B :

- ☐ « Maintenant que cela m'arrive, qu'est-ce que je veux ? »
- ☐ « Quelles pourraient être les solutions acceptables pour moi et l'autre / les autres ? »
- ☐ « Qu'est-ce que cette déconvenue m'apprend pour l'avenir ? »
- ☐ « Quelles sont les qualités personnelles sur lesquelles je peux compter pour surmonter cette difficulté ? »
- ☐ « Quels sont les alliés susceptibles de m'aider ? »
- ☐ « Ce qui est fait est fait, pas la peine de revenir là-dessus. Que faire pour le futur ? »
- ☐ « Quels sont les effets positifs de ce qui m'apparait de prime abord négatif ?

Bien sûr, cet exercice est un tantinet caricatural mais il donne quelques repères sur nos penchants habituels. En prenant de la distance sur ces réactions, vous avez surement perçu que la série B semble plus intéressante que la série A.

La PNL nomme « cadre du blâme » les émotions, pensées, convictions, proches de la série A. La « stratégie d'objectif » ressort de la série B.

Vous remarquerez que le cadre du blâme est orienté vers le passé et la stratégie d'objectif vers la construction du futur.

La manière dont nous nous posons des questions et posons des questions aux autres avant de trouver des solutions à nos déconvenues, difficultés et problèmes, nous aide ou bien, au contraire, nous freine. Au-delà des mots, les questions orientent les émotions et les valeurs. Par exemple, lorsque vous demandez à l'un de vos interlocuteurs : « Quelles sont vos critiques ? », il émet des critiques. Si vous lui demandez : « Quelles sont vos suggestions ? », il vous propose ses suggestions.
Enseignant, formateur ou chef de projet, vous pouvez observer les mêmes phénomènes. Lorsque vous dites en hésitant : « Peut-être avez-vous des questions à poser ? », vous suscitez le silence. La formulation induit le doute : « peut-être » et le refus, une réponse possible étant « non » ou le silence. Si vous orientez votre interrogation en induisant la réponse : « Quelles sont les questions que chacun souhaite me poser ? », les questions fusent.
Quand vous expliquez à vos enfants ou à vos proches une nouvelle méthode de communication, si vous leur demandez : « Est-ce que c'est utile et pratique pour vous ? », ils peuvent répondre : « intéressant mais pas très pratique ». Si vous leur demandez : « donnez moi les deux points qui vous sont les plus utiles et pratiques », ils réfléchissent et partagent leurs idées.

Autre exemple, qui va vous paraître manipulatoire, mais ô combien efficace ! Vous souhaitez que l'un de vos voisins assiste à une réunion des parents d'élèves ce soir. Si vous lui dites : « viendras-tu à la réunion organisée ce soir ? » : il peut répondre « oui » ou « non » en fonction de son envie. Si vous lui dites : « Préfères-tu que je fasse mon discours au début ou à la fin de la réunion ce soir ? », vous augmentez considérablement les probabilités d'acceptation, sachant que, par sa réponse, il s'implique déjà.

Ces exemples montrent combien les questions induisent les réponses et surtout accélèrent leur expression sans passer par les méandres du flou, de l'imprécision et de l'hésitation.
Précisons que les méthodes de questionnement que nous préconisons ne sont pas infaillibles ; elles sont soumises à l'incertitude des comportements humains, et en particulier à la résistance à la manipulation.

Les séries de questions que nous nous posons, ou posons aux autres, pour résoudre des problèmes initient des « cadres de pensée » qui orientent la réflexion et les émotions. En d'autres termes, les séries de questions programment notre fonctionnement mental ou celui de nos interlocuteurs.

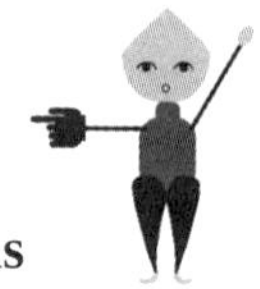

Prenons le cas de votre conjoint(e) venant de se tromper d'heure de rendez-vous qui risque de rater la livraison d'un meuble chez vous.
Si vous lui dites : « Pourquoi n'as tu pas vérifié nos deux calendriers avant de prendre ce rendez vous ? » vous induisez chez l'autre un sentiment de culpabilité. Il aura envie de se défendre, de se justifier, voire même de critiquer le flou de votre demande. Vous avez initié un « cadre du blâme ».
Si votre première question est : « Que pouvons nous faire pour rattraper la situation et nous faire livrer à temps? », vous êtes sur le registre d'un objectif à atteindre. Ce registre est une « stratégie d'objectif ».
Dès que ce cadre est installé, vous pouvez, sans pour autant vous culpabiliser et culpabiliser l'autre, vous permettre de revenir « à froid » sur l'incident et poser une question de type : « qu'est-ce que toi et moi, pourrions faire pour que ce type de problème ne se reproduise plus ? ».

Nous pouvons donc nous programmer pour échouer et perdre du temps ou nous programmer pour réussir rapidement.

Examinons maintenant les mécanismes qui programment soit le « cadre du blâme », soit la « stratégie d'objectif ».

Programmer pour échouer : le « cadre du blâme »

Voici quatre questions classiques qui induisent un « cadre du blâme » :
- Qu'est-ce qui ne va pas ?
- Pourquoi avez-vous (ou ai-je) ce problème ?
- En quoi est-ce grave ?
- À qui la faute ?

Ces questions nous « enfoncent » encore plus dans les difficultés. Ces questions sont des obstacles supplémentaires que nous nous créons nous-mêmes. Et pendant ce temps, inexorablement, le temps passe...

Reprenons-les une à une.

QU'EST-CE QUI NE VA PAS ?

En posant ce type de question vous provoquez, chez vous ou chez l'autre, un flot de plaintes et de récriminations. « Ce qui ne va pas » est un univers immense, voire infini.
Les lamentations peuvent ainsi s'éterniser.
Chacun s'enlise de plus en plus dans les problèmes, comme dans du sable mouvant.

« Être heureux ne signifie pas que tout est parfait. Cela signifie que vous avez décidé de regarder au-delà des imperfections. »
Aristote

POURQUOI AVEZ-VOUS (OU AI-JE) CE PROBLÈME ?

En voulant rechercher les causes, cette question induit la culpabilité. Elle est, en plus, une perte de temps car nous allons rechercher dans le passé, parfois lointain. Souvenons-nous, en effet, de nos parents ou de nos professeurs qui, nous regardant avec sévérité et en pointant un doigt accusateur, nous demandaient : « pourquoi as-tu fait cela, n'as-tu pas honte ? ».

La question « pourquoi » rappelle à la plupart d'entre nous ces souvenirs désagréables, même si celui qui pose la question a une intention bienveillante de recherche des causes.

EN QUOI EST-CE GRAVE ?

Avec cette question vous induisez deux attitudes :
- soit la fuite devant le problème : « oh, ce n'est pas si grave que cela » ;
- soit la dramatisation à outrance : « c'est très grave et insurmontable ».

Ces deux réponses conduisent leurs auteurs à ne pas réagir rapidement et de façon appropriée. L'introduction d'un jugement de valeur dans la formulation d'une question va créer un effet de « calque » ou de « décalque ». Le « calque » consiste à s'attribuer la valeur énoncée sans prendre de recul. Le « décalque », à l'inverse, provoque une opposition systématique à la valeur énoncée.

À QUI LA FAUTE ?

Avec cette question, tout le monde « en prend pour son grade ». Les accusateurs répondent « c'est la faute des autres ou du système, les autres ne sont pas comme ils devraient être... ». Les éternelles victimes répondent : « c'est de ma faute, j'aurais dû m'y prendre autrement, c'est toujours à moi que cela arrive... »

Programmer pour réussir : la « stratégie d'objectif »

Maintenant que vous savez comment échouer et perdre du temps pour résoudre un problème, avec les questions « du cadre du blâme », ceux de nos lecteurs qui souhaitent avancer dans leur vie peuvent s'inspirer des quatre questions suivantes. Ces quatre questions sont des questions que l'on peut poser aux autres, mais tout autant à soi-même (nous mettons entre parenthèses la version pour soi-même).

- Quel est votre objectif ? (Quel est mon objectif ?)
- Comment saurez-vous que vous avez atteint votre objectif ? (Comment saurai-je que j'ai atteint mon objectif ?)
- Comment pouvez-vous atteindre votre objectif et de quelles ressources disposez-vous pour vous faciliter la tâche ? (Comment puis-je atteindre mon objectif et de quelles ressources dois-je disposer pour me faciliter la tâche ?)
- Quelles seront les répercussions de la réalisation de votre objectif sur les équilibres actuels et prévoyez-vous des conséquences négatives ? (Quelles seront les répercussions de la réalisation de mon objectif sur les équilibres actuels et quelles en seront les conséquences négatives ?)

Apprécions ces quatre questions.

QUEL EST VOTRE OBJECTIF ?

Cette première question oriente la pensée vers l'avenir. En effet, le passé est par définition passé. Ce n'est pas la peine de s'appesantir dessus si on veut faire un choix. Par exemple, lorsqu'une difficulté émerge, elle signale que nous avons, ou que d'autres ont commis une erreur antérieurement. On ne peut pas revenir dessus.

Transformer ce problème en objectif consiste à penser au futur et à trouver des solutions pour compenser cette erreur. Il sera bien temps, ensuite, de prendre des dispositions pour éviter la reproduction de cette erreur.

Il est préférable de répondre à cette question en termes positifs. Par exemple :

- « Je veux rester calme » au lieu de « je ne vais plus m'énerver » ;
- « Je veux établir des relations de confiance avec lui », au lieu de « je ne voudrais plus me méfier de lui » ;
- « Je veux maigrir », au lieu de « je ne veux plus de mon embonpoint » ;
- « Je veux gagner du temps », au lieu de « je ne veux pas perdre de temps ».

L'emploi de formules négatives complique l'existence et consomme du temps, pour trois raisons essentielles.

- Le cerveau comprend aisément ce qui est positif, mais doit faire des efforts pour comprendre le négatif, efforts consommateurs de temps. Par exemple, imaginez un arbre debout, imaginez ensuite un arbre couché, enfin un arbre qui tombe : facile n'est-ce pas ! Imaginez maintenant un arbre qui ne tombe pas. Bon courage ! Vous devez alors faire des efforts et reconstruire intellectuellement la scène.
- Nous avons besoin de percevoir, entendre et sentir le positif, avant de construire le négatif.
- En conséquence quand vous dites à quelqu'un : « n'oubliez pas », ou « ne vous inquiétez pas », vous induisez sans le vouloir l'oubli et l'inquiétude.

Le médecin qui répète plusieurs fois : « pas de problème, ne vous inquiétez-pas... » renforce l'inquiétude de son patient. Il interprète : « s'il répète qu'il n'y a pas de problème, c'est qu'il veut cacher quelque chose. »
Une petite expérience amusante sur ce sujet. Si nous vous disons : « surtout ne pensez pas à la couleur rouge ! »… À quoi pensez-vous ?

COMMENT SAUREZ-VOUS QUE VOUS AVEZ ATTEINT VOTRE OBJECTIF ?

> *« L'impossible,*
> *nous ne l'atteignons pas,*
> *il nous sert de lanterne. »*
> *René Char*

La plupart du temps, la réponse à la première question est vague et générale.
Par exemple des réponses du type « Je veux gagner du temps », « Mieux communiquer avec les autres », « Faire du sport » etc.
Leurs formulations sont imprécises et incomplètes, proches des bonnes résolutions que l'on ne tient pas.
Cette deuxième question : « Comment pouvez-vous vérifier votre réussite ? » accroît la précision de la réponse.

Un objectif est précis quand sa formulation inclut la possibilité de mesurer et de valider. Ainsi, « je veux dégager deux heures par semaine pour lire ou me cultiver » est préférable à « je veux gagner du temps ».

Au lieu de « mieux communiquer avec les autres », précisez : « je veux que les autres me posent des questions lorsque je leur parle », « je veux ralentir le débit de ma voix », « je veux réduire le nombre de mails échangés avec mes proches et amis. »
La bonne résolution, « je veux faire du sport » ou « je veux maigrir » a plus de chances d'aboutir en se disant : « Je veux courir cinq kilomètres pendant trois mois, un jour par semaine », « je veux perdre trois kilos en deux mois. »
Dans ces conditions, la mesure de la réalisation de l'objectif est concrète et vérifiable. Mais surtout, cette formulation nous programme mentalement pour réussir.
Cette deuxième question permet donc de définir avec précision le contexte spécifique précis dans lequel vous voulez atteindre ou faire atteindre un objectif. Sans contexte précis, il est difficile de changer ou d'évoluer, les objectifs vaguement définis se confondant avec de bonnes intentions.

COMMENT POUVEZ-VOUS ATTEINDRE VOTRE OBJECTIF ET DE QUELLES RESSOURCES DISPOSEZ-VOUS POUR VOUS FACILITER LA TÂCHE ?

Quand l'objectif est précisément fixé, grâce aux deux premières questions, cette troisième permet de mettre en valeur les ressources déjà existantes et qui vous permettent de résoudre le problème. Plutôt que de rechercher de nouveaux moyens, commençons d'abord par répertorier les ressources déjà disponibles.
Nous sommes loin de la liste des freins et des inhibitions du type : « Ce n'est pas possible, c'est trop cher, nous ne l'avons jamais fait, ce n'est pas dans nos habitudes... »

Les barrières mentales construites à partir de ces inhibitions et de ces a priori retardent la réalisation des objectifs. Le fait de rechercher des ressources autres que celles déjà disponibles est également un facteur de ralentissement.

Les ressources dont nous parlons ici sont internes : vos qualités, expériences réussies, apprentissages précédents… Elles sont aussi externes : vos alliés, des professionnels, votre réseau…

QUELLES SERONT LES RÉPERCUSSIONS DE LA RÉALISATION DE VOTRE OBJECTIF SUR LES ÉQUILIBRES ACTUELS ET PRÉVOYEZ-VOUS DES CONSÉQUENCES NÉGATIVES ?

Avant même d'entamer une démarche visant à atteindre un objectif, il convient d'envisager les conséquences possibles de sa réalisation. L'atteinte de l'objectif va-t-elle supprimer des avantages actuels ? L'atteinte de l'objectif va-t-elle, au-delà de ses répercussions positives, entraîner des conséquences négatives ?

Lorsque nous changeons l'un des éléments de notre vie, cela a un impact sur d'autres éléments. Le fait de faire du sport, de se cultiver ou de mieux communiquer déséquilibre à la fois notre propre fonctionnement et nos relations avec les autres. Se mettent alors en branle des forces de rappel susceptibles de nous ramener à la situation antérieure. Il vaut mieux les connaître à l'avance au lieu de les découvrir par surprise.

Lorsque les avantages l'emportent très nettement sur les effets indésirables, vous vivez quelques turbulences passagères. Lorsque les effets indésirables l'emportent sur les avantages, vous devez surmonter de lourdes épreuves. Certains reviennent à la « case départ ». Anticipez donc les effets probables de la réussite de vos projets.

Par exemple :

- « Je veux plus de responsabilités dans l'association. Suis-je prêt à assumer la jalousie des personnes avec qui je m'entendais bien jusqu'à maintenant ? »
- « Je veux gagner du temps parce que je me trouve débordé. Que ferai-je du temps gagné ? »
- « Je veux repenser totalement l'aménagement de notre maison ou appartement. Suis-je prêt(e) à assumer les weekends de bricolage et les dépenses supplémentaires ? »
- « Je veux me lever plus tôt pour consacrer du temps à des activités physiques et à la méditation. Suis-je prêt à dormir moins ou à me coucher plus tôt ? Quelle répercussion pour mes proches ? »

« Ne cherche pas,
dans l'avenir,
à retrouver le passé. »
André Gide

Voici les différences majeures entre le « cadre du blâme » et la « stratégie d'objectif » :

Cadre du blâme	Stratégie d'objectif
Une difficulté, un conflit, une erreur sont des problèmes	La difficulté, le conflit ou l'erreur sont des occasions de se donner des objectifs à atteindre
Nous recherchons les causes du problème : « Pourquoi ? »	Nous souhaitons atteindre nos objectifs en nous posant la question : « Comment ? »
Nous pensons à ce qui peut nous freiner, nous limiter	Nous raisonnons en termes de possibilités et de ressources
En cas d'échec, nous nous culpabilisons ou nous cherchons à culpabiliser les autres	Les échecs sont des sources d'information et d'apprentissage
Nous regardons le passé et confortons ainsi nos préjugés	Nous orientons nos actions vers le futur en faisant preuve de curiosité
Orienté passé et présent	Orienté présent et futur

Définir un objectif atteignable

Vous avez déjà avec les questions décrites ci-dessus de quoi faire pour adopter la stratégie d'objectif. Examinons maintenant les critères plus précis qui rendent un objectif atteignable.

1er CRITÈRE : L'OBJECTIF EST FORMULÉ EN TERMES POSITIFS

Nous induisons ainsi un état désiré et des actions à entreprendre. « Faire bien du premier coup » est un désir motivant et enthousiasmant alors que : « Ne plus être en colère » est une tactique d'évitement qui rappelle inlassablement l'existence d'un problème. La formulation positive induit un but à atteindre « rester calme ».

2e CRITÈRE : L'OBJECTIF EST PRÉCIS

Un objectif n'a de sens que s'il se situe dans un contexte. Par exemple, l'objectif : « avoir confiance en soi » est relatif à la situation dans laquelle il s'inscrit. La confiance en soi induit des capacités à s'exprimer en public, à faire des demandes sans être gêné, à oser dire non. Dans le contexte de la haute montagne, la confiance en soi suppose des pas assurés, des gestes appropriés et une aisance face au vide. Il existe des cas où un objectif n'a de sens que dans un contexte spécifique. Par exemple, « vouloir être élégant » s'applique dans la vie professionnelle et dans les occasions sociales ; en revanche cet objectif est peu propice à la randonnée en haute montagne.

« Un objectif flou débouche sur une absurdité précise. »
Jean-louis Muller

L'objectif précis suppose donc une représentation la plus fine possible de où, quoi, quand, qui, avec qui, etc.

Les critères mesurables et observables sont certes utiles, il convient de les associer avec des critères subjectifs tels que : « Quelles sont les émotions que je veux ressentir et que je veux faire ressentir aux autres ? Qu'est-ce que je veux voir, entendre, me dire à moi-même, sentir... ? »

3e CRITÈRE : L'OBJECTIF S'INSCRIT DANS UN BUT PLUS LARGE

Au moment de définir son objectif, il est important de savoir ce que cela apportera.
Par exemple : « Je veux préserver, rien que pour moi, une heure de temps par jour. Cela a pour but d'être vraiment détendu(e) et d'être disponible pour les autres le reste du temps ».
Autre exemple : « Mon objectif est de courir 10 km en une heure tous les dimanches matin. Cet objectif contribue à entretenir mon corps et ma sérénité ».

4e CRITÈRE : ÊTRE LE PROPRIÉTAIRE DE L'OBJECTIF

L'objectif dépend-il vraiment de moi et de mes actions ? Rentre-t-il dans mon domaine de responsabilités ? Suis-je payé pour cela ? Telles sont les questions qui déterminent si nous sommes bien propriétaire d'un objectif. Par exemple, un couple est propriétaire d'un objectif de type : « Changer l'agencement et l'ameublement de notre domicile pour gagner en espace et en confort. »
Si ce même couple se donne comme objectif « nous voulons que toutes les rues de notre ville soient propres », ce souhait dépasse leur pouvoir et risque d'user beaucoup d'énergie pour pas grand-chose. Sauf à être très influent sur le maire.

En tant que citoyen, nous pouvons émettre le vœu que la misère soit éradiquée, que l'éducation soit ouverte à tous, que telle maladie soit traitée.
Si nous pouvons y contribuer par des formes diverses et variées telles

« Mais alors, dit Alice, si le monde n'a absolument aucun sens, qui nous empêche d'en inventer un ? »
Lewis Carroll

que les dons, le militantisme, le bénévolat, etc., gardons néanmoins à l'esprit que nous ne pouvons pas seuls atteindre ces objectifs.

5e CRITÈRE : L'OBJECTIF DOIT VALOIR LA PEINE

Atteindre un objectif suppose d'y consacrer des efforts et de se confronter avec les objectifs des autres. En d'autres termes, la réalisation d'un objectif consomme de l'énergie.
Il est donc important de se demander : « Et si je ne faisais rien, que se passerait-il ? » Si la réponse est : « Pas grand-chose », vous êtes alors confronté à une urgence ou à une émotion désagréable.

Prenons des exemples de ce 5ème critère :
L'un de vos enfants, au demeurant très performant à l'école et agréable avec autrui, ne range pas souvent sa chambre. Ce dernier, pourtant, s'y retrouve aisément dans ce qui est pour vous un capharnaüm. Est-ce que cela vaut la peine de l'obliger à ranger ses affaires selon vos propres critères ?
Vous faites la queue devant un cinéma avec votre conjoint. L'écran de contrôle vous indique qu'il reste 350 places. Est-ce que cela vaut la peine de se battre avec deux adolescents qui s'infiltrent dans la queue en arborant un sourire ironique ?
Est-ce que cela vaut la peine de vouloir gravir le Mont-Blanc alors que de violents orages sont annoncés par la météo ? Même si c'était la dernière occasion avant l'année prochaine et que vous avez parcouru 600 kilomètres pour parvenir à Chamonix ?

« L'objectif de toute éducation devrait être de projeter chacun dans l'aventure d'une vie à découvrir, à orienter, à construire. »
Albert Jacquard

Avant de s'élancer à « corps perdu », il s'avère utile de se poser les questions suivantes :
- **Est-ce que cela vous apportera vraiment le vécu que vous recherchez ?**
- **Est-ce que cela vaut tous les efforts que cela suppose?**

6e CRITÈRE : LES CONSÉQUENCES DE L'OBJECTIF DOIVENT ÊTRE ACCEPTABLES

Sommes-nous prêts à assumer les conséquences d'un objectif ? Le résultat espéré ne crée-t-il pas plus d'inconvénients que la situation actuelle ?
Par exemple vouloir rentrer tôt du travail pour s'occuper des enfants est un objectif honorable, cependant en y réfléchissant bien : les enfants préfèrent peut-être leur tranquillité, vous aurez aussi le diner à préparer, vérifier les devoirs…

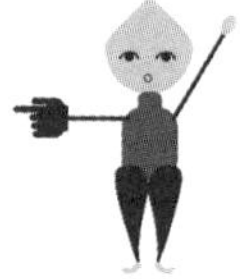

La programmation neuro-linguistique nous rappelle qu'une situation est par essence contradictoire. Lorsque nous voulons changer, c'est bien souvent parce que nous pensons que la situation actuelle est négative et que le changement escompté ne nous apportera que des bénéfices. C'est oublier qu'il existe sûrement des avantages dans la situation actuelle et des inconvénients dans la situation souhaitée.

- Êtes-vous prêt à assumer que votre collègue soit fâché après que vous lui avez dit franchement ce que vous pensiez de l'un de ses comportements ?
- Vous voulez mieux gérer votre temps ; êtes-vous prêt à rentrer plus tôt chez vous le soir et à participer aux tâches ménagères ?
- Vous voulez être promu cadre ; êtes-vous prêt à changer de lieu de travail ? Êtes-vous prêt à incarner les valeurs de votre entreprise devant vos ex-collègues ?
- Vous voulez maigrir de 20 kilos ; êtes-vous prêt à vous entendre dire par vos amis : « Que t'arrive-t-il ? Tu es malade ? » ou bien : « Tu es moins drôle qu'avant ».

L'application de la stratégie d'objectif permet de poursuivre des buts en se donnant le plus de chances d'obtenir les résultats escomptés. Il s'agit d'une méthode assortie de plusieurs questions orientées vers la construction de votre futur. C'est surtout une manière d'être dans la vie à la fois réaliste, puisque nous prenons acte de ce qui nous arrive, même si cela est désagréable ; et audacieuse, puisqu'au lieu de nous lamenter nous élaborons des solutions pour progresser et vivre mieux.

> *« Certains n'ont pas d'objectifs mais tous obtiennent des résultats. »*
> *Brian Van Der Horst*

Maintenant que nous savons nous définir des objectifs précis et atteignables, il convient de les confronter aux autres. Comment les atteindre avec l'accord des autres ? Tout d'abord, en s'adaptant à eux et en repérant leur « modèle du monde ». Tel est l'apport des deux chapitres suivants, la calibration et la synchronisation.

EXERCICES

Faites la différence entre un blâme et un objectif

Exercice 1 : Identifiez si les affirmations ou les questions ci-dessous ressortent du cadre du blâme ou de la stratégie d'objectif.

Exemple	Blâme	Objectif
1. Je t'avais pourtant bien expliqué comment t'y prendre.		
2. Pourquoi n'as tu pas mis tes gants avant de poser les chaines à neiges sur les roues ?		
3. Mes troubles digestifs le soir, m'apprennent que je devrais petit déjeuner comme un roi, déjeuner comme un prince et dîner comme un mendiant.		
4. Comment faire pour que nous passions ensemble de bonnes vacances alors que pour l'instant nous ne sommes pas d'accord sur le lieu.		
5. C'est toujours à moi que cela arrive.		
6. S'il n'y avait pas eu les chinois, il y aurait encore du travail en France.		

Exemple	Blâme	Objectif
7. Ce qui n'est pas autorisé est interdit.		
8. Ce qui n'est pas interdit est autorisé.		
9. On mange trop, ici. Il y a trop de tentations.		
10. Je préfère exprimer une idée qui peut paraître farfelue que de me taire et de laisser passer une occasion de progresser.		

RÉSULTATS :
Blâme : 1, 2, 5, 6, 7, 9. Objectif : 3, 4, 8, 10

Exercice 2 : Les objectifs suivants remplissent-ils les critères d'efficacité de formulation d'un objectif ?

	Oui	Non
1. Je veux avoir maigri de 4 kilos dans deux mois.		
2. Je souhaite rester calme en fin de journée quand mes enfants entrent dans l'appartement en laissant des traces de terre sur la moquette.		
3. Je ne veux plus m'énerver.		
4. J'ai besoin de vous voir pour une question urgente ; pouvez-vous m'accorder quelques instants ?		
5. Nous voulons tous les deux être capables de courir cinq kilomètres en continu dans six mois au Parc de Sceaux. Puis huit kilomètres dans un an.		
6. J'aimerais que nos relations soient meilleures.		
7. Je vous remettrai ce manuscrit à la fin du mois de juin.		
8. Il faut que nos enfants soient plus motivés à l'école.		
9. Je veux que nos économies placées aient un rendement de 3% l'an pour nous permettre de changer d'appartement d'ici 5 ans.		
10. Je veux prendre au moins 1/4 d'heure de réflexion, seul, pendant chaque 1/2 journée de travail.		

RÉSULTATS :
1. Oui, 2. Oui, 3. Non (formulation négative), 4. Non (imprécision « quelques instants »), 5. Oui, 6. Non (imprécis), 7. Oui, 8. Non (Que veut dire précisément motivés. Comment cela se constate ?), 9. Oui, 10. Oui.

3

« Vous avez de beaux yeux » : la calibration

Petits, quand nous voulions demander quelque chose à nos parents, nous nous disions : « C'est bon, je peux y aller », ou « C'est pas encore le moment ».
Aujourd'hui, vous souhaitez rappeler à votre patron qu'il vous avait promis une promotion, mais vous vous dites « Oh ! Il a l'air préoccupé, ce n'est pas le jour ». En famille, vous souhaitez discuter des prochaines vacances et pensez : « Tiens, je sens que mon compagnon et mes enfants sont disponibles pour m'écouter ».

Ce que nous appelons communément le bon sens, l'instinct, l'intuition semblent innés. La calibration, c'est l'art et la manière d'observer finement les comportements de son interlocuteur, les signaux que l'autre nous envoie et qui révèlent son état interne, son degré d'accord et son mode de pensée.
La PNL nous apprend que chaque individu exprime à sa manière unique ses différents états émotionnels. Il est utile de bien connaître son interlocuteur et de procéder à de fines observations répétées avant d'en tirer des conclusions. Ceci va à l'encontre de certains a priori ou jugements hâtifs sur les pseudo-signes universels.
Par exemple, croiser les bras ne signifie pas forcément un refus de communication. Cela peut être une position de confort.

« Parler est un besoin, écouter est un art. »
Goethe

À quels signaux prêter attention ?

La calibration est le radar des rapports humains.
Les réactions émotionnelles, conscientes ou non conscientes, se reflètent quasi systématiquement dans les comportements externes. Les façons de penser et les émotions se manifestent par des expressions du visage et par les attitudes corporelles.

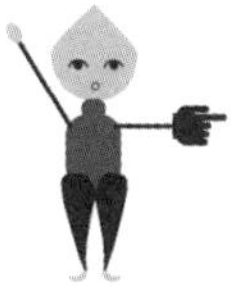

Sans en avoir forcément conscience, les mêmes pensées et émotions provoquent toujours les mêmes réactions externes. Ces réactions ne sont pas universelles, elles varient d'une personne à une autre et sont aussi soumises aux habitudes culturelles.
La calibration est d'autant plus aisée que vous connaissez votre interlocuteur.

Plusieurs séries de signaux sont prises en compte dans la calibration. En regardant les autres avec une forte acuité, vous pourrez obtenir de nombreuses informations.
Les macro-mouvements sont ceux que vous verrez dans la posture générale du corps, les allures, les gestes, les mouvements de tête, les aspects très contrastés du visage mais aussi les oscillations respiratoires qui s'accélèrent ou ralentissent.
Les micro-mouvements sont beaucoup plus fins et concernent essentiellement le visage. Votre attention se portera alors sur la bouche et ses mouvements, ouverte ou fermée, rictus plus ou moins présent ; les commissures des lèvres, plus ou moins prononcées ; la coloration des lèvres et de la peau, les zones blanches, rouges, voire les perles de transpiration ; le mouvement des narines ; les yeux et leurs commissures internes et externes plus ou moins plissées ; le mouvement des yeux.

En écoutant attentivement vous chercherez à entendre tout ce que vous pouvez entendre chez votre interlocuteur, et pas seulement ses mots. Vous percevrez sa façon de s'exprimer. Si vous êtes médecin, infirmière, ou que vous avez une raison particulière de vous intéresser aussi étroitement à la personne, vous pourrez prêter attention à tous les bruits de son corps.
La calibration auditive est centrée principalement sur les modifications des caractéristiques de la voix. Tout en étant en contact avec le sens du message, écoutez de quelle façon vous parle votre interlocuteur. Écoutez le rythme, le ton, le volume et le débit de sa voix, et ses silences. Observez les variations, les séquences, les accentuations les hésitations. Les pensées, les émotions seront traduites par ces caractéristiques.

« La connaissance parle, mais la sagesse écoute. »
Jimmy Hendrix

En résumé, les points à observer sont les suivants : les postures du corps, les gestes, les expressions du visage, la respiration et la voix.

Les postures du corps ou de certaines parties du corps
- les bras, croisés ou pas ;
- les jambes ;
- les angles entre les différentes parties du corps, tête-buste.

Les gestes
- situés vers le haut du corps ;
- situés au niveau des yeux et des épaules ;
- situés vers le bas du corps.

Les expressions du visage
- la bouche et ses mouvements, ouverte ou fermée ;
- rictus plus ou moins présent ;
- les commissures des lèvres ;
- la coloration des lèvres ;
- la peau, les zones blanches, rouges, les perles de transpiration ;
- le mouvement des narines ;
- les yeux et leurs commissures internes et externes plus ou moins plissées ;
- le mouvement des yeux.

La respiration
- rythme ;
- fréquence ;
- profondeur.

Les caractéristiques de la voix
- ton ;
- rythme ;
- débit ;
- volume.

Par ailleurs, les études du professeur Albert Mehrabian, professeur de psychologie UCLA, mettent en évidence la proportion des trois composantes de la communication interpersonnelle.
En premier lieu, les mots et les expressions représentent 7 % de la communication.
Les caractéristiques de la voix, ton, rythme, volume, débit c'est-à-dire le para-verbal, représentent 38 % de la communication.
Enfin, le comportement non verbal représente 55 % de la communication.
Précisons que ces résultats concernent la communication humaine en générale. Dès qu'il s'agit d'une situation particulière, ces proportions ne sont plus les mêmes.

Vous formulez l'une de vos idées à l'un de vos interlocuteurs.
Celui-ci vous répond : « C'est intéressant ce que tu me dis là »
Si naïvement, vous pensez qu'il trouve votre idée intéressante, vous ne vous fiez qu'au contenu de son message. Peut-être dit-il vrai, peut-être se moque-t-il de vous, peut-être est-il surpris. Pour le savoir, il convient d'observer et d'entendre, non pas ce qu'il dit, mais comment il le dit. Si son mouvement de tête fait non, il est probablement en désaccord avec votre idée. S'il adopte une posture de surprise, en appuyant sur « intéressant » vous pouvez faire l'hypothèse que vous l'avez interpelé et qu'il souhaite en savoir plus. S'il arbore un sourire ironique avec un ton de voix condescendant, vous pouvez en conclure qu'il se moque de votre idée, voire vous méprise.
S'il fronce les sourcils, c'est un peu plus difficile à interpréter. Certes, il peut être agacé, mais peut-être est-ce aussi un signe de concentration... ou le signe qu'il réfléchit à sa question... ou encore il vient de comprendre que cette idée est vraiment intéressante... et probablement, d'autres explications encore.

Le cas particulier du mouvement des yeux

D'après les spécialistes de la neurologie, les yeux accompagnent le mouvement des pensées. John Grinder et Richard Bandler ont mis en évidence que les mouvements des yeux sont corrélés avec les systèmes de représentation du sujet. Ainsi, en portant particulièrement attention aux mouvements des yeux d'une personne, on peut faire quelques hypothèses sur ses processus internes.

MOUVEMENT DES YEUX ET PROCESSUS INTERNE

Observons les mouvements des yeux de notre interlocuteur en nous plaçant en face de lui :

- **en haut à droite est le visuel Souvenir :** la personne revoit des images déjà vues, par exemple un petit déjeuner de son enfance. L'image est un souvenir ;
- **en haut à gauche est le visuel Construit :** la personne crée une image nouvelle, elle compose une scène visuelle jamais rencontrée ; par exemple, la personne imagine le nouveau jardin qu'elle souhaite créer. L'image est une construction ;
- **en face et au milieu,** comme si les yeux regardaient dans le lointain **est le visuel.** La personne voit des images internes ;
- **au milieu à droite est l'auditif Souvenir :** la personne entend une bande sonore déjà entendue, par exemple la voix de son père lui donnant un conseil. Le souvenir est auditif ;
- **au milieu à gauche est l'auditif Construit :** la personne crée une bande sonore nouvelle pour elle. Par exemple, un musicien qui compose une nouvelle mélodie. Un autre exemple est celui de la personne qui imagine son futur discours. La bande sonore n'existe pas, elle est en construction. Dans le cas où les yeux sont à l'horizontale, à gauche ou à droite, la personne entend une bande sonore déjà entendue ou une bande sonore en construction. Il peut s'agir de paroles déjà entendues ou qui seront prononcées. Mais ces deux bandes sonores ne sont pas forcément des paroles ou des dialogues.

Il peut s'agir de musique ou de sons en tout genre ;

- **en bas à droite est le Dialogue Interne :** la personne se parle à elle-même. Dans le dialogue interne, il n'y a que des paroles adressées à soi-même. Il n'y a pas d'autres sons comme lorsque les yeux sont à l'horizontale. Le penseur de Rodin est un penseur qui se parle à lui-même. Il ne voit pas d'image ;
- **en bas à gauche est le Kinesthésique Interne :** la personne est en contact avec ses sensations, ses émotions, son ressenti. Par exemple, la personne éprouve un sentiment particulier ou la sensation liée à l'événement auquel elle pense.

« Les choses sont souvent moins compliquées qu'elles ne le paraissent. »
Milton Erikson

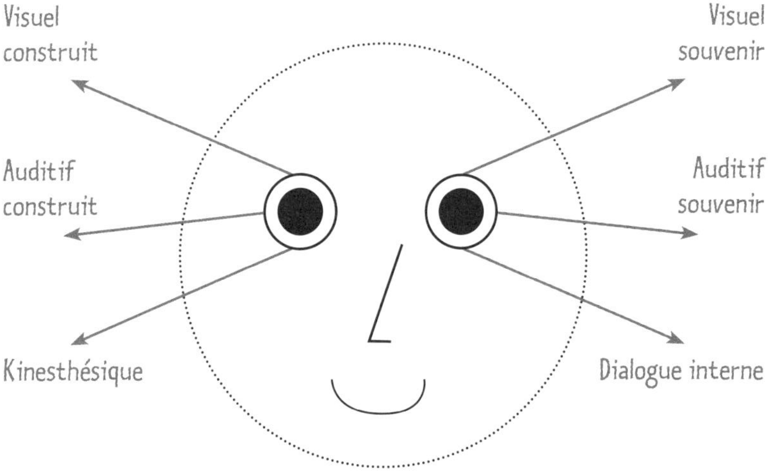

La calibration des mouvements oculaires du point de vue de l'observateur

Rappelons que ces positions des yeux correspondent aux mouvements oculaires observés lorsque nous sommes en face de la personne que nous calibrons. Quand nous parlons de mouvement en haut à gauche, il s'agit de la gauche de l'observateur et non de celle de la personne observée.

Approximativement, 90 % des personnes correspondent à ce schéma. Cela laisse 10 % de personnes qui présentent des mouvements oculaires différents. C'est pour cela que la PNL recommande de ne pas tirer de conclusion hâtive, mais d'observer la réaction en rapport avec les questions « tests ».

Il peut arriver que les mouvements oculaires soient inversés chez les gauchers mais ce n'est pas systématique.

À QUOI SERT LA CALIBRATION DES MOUVEMENTS OCULAIRES ?

Quand ce type de calibration marche, cela permet de mieux connaître les modes de représentations de son interlocuteur. Est-il visuel, auditif, kinesthésique ? Par exemple, si ses yeux sont naturellement tournés vers le haut, j'ai intérêt à lui parler en termes d'images.
On entend souvent dire que grâce aux accès oculaires, on peut détecter les menteurs. Cela serait trop beau et nous mettons en garde contre des interprétations définitives.

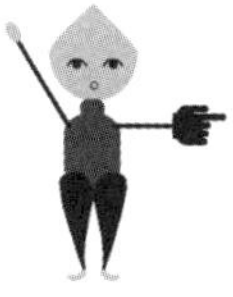

Gardez quelques idées simples pour mieux comprendre votre interlocuteur :

- **Si votre interlocuteur fixe le plafond alors que vous lui parlez, quelle signification donnerez-vous à son attitude? Il s'ennuie, il est tête en l'air, il s'en moque, c'est un rêveur ? Ou plutôt, il utilise son mode de représentation visuel pour comprendre ?**

- **Si votre interlocuteur regarde de côté, que penserez-vous ? Il est sournois, il n'est pas franc, il n'ose pas regarder dans les yeux ? Il a du mal à me faire face ? Ou il utilise son mode de représentation auditif pour comprendre ?**

- **Si votre interlocuteur regarde ses pieds en vous écoutant, que pensez-vous ? Il est réservé, renfermé, timide, pas courageux ? Ou bien, il utilise son mode de représentation kinesthésique, (il ressent les choses) ou il est en dialogue interne (il se parle à lui-même) pour comprendre ?**

Cette façon de penser est plus respectueuse, plus efficace et évite les conclusions hâtives et souvent malheureuses. Tous ces signaux indiquent comment se comporte intérieurement la personne avec laquelle vous êtes en relation. Calibrer, c'est comprendre comment fonctionnent les autres sans chercher à interpréter et juger.

« Le malentendu le plus fondamental de la communication : nous entrons en relation avec notre entourage, avec l'autre, non tel qu'il est ou tel qu'il se veut, mais tel que nous le percevons ! »
Jacques Salomé

Outre le fait que la calibration vous permet de décoder ce qui n'est pas dit explicitement par vos interlocuteurs, son application vous installe en « état ressources ». C'est à dire que vous portez votre attention aux autres, que vous les regardez lorsque vous leur parlez, et surtout que vous vous installez en mode lent. Autant de talents utiles pour communiquer avec aisance et surtout trouver des points d'accord mutuels.

EXERCICES

Développez vos compétences de calibration

Les exercices proposés suivent une progression qui vous permettra de développer votre savoir-faire en douceur. Vous pouvez démarrer au premier exercice ou avec celui que vous préférez.
Donnez-vous la permission d'observer, de dévisager les autres pendant les jours qui viennent. Faites-le au travail ou chez vous.

Exercice 1 : observation de la bouche
Consacrez un jour à observer la bouche de vos interlocuteurs et plus particulièrement la lèvre inférieure.
Concentrez-vous sur les changements de forme, de couleur, les mouvements, les plissements des commissures. Observez comme un scientifique, ne cherchez pas à donner de signification, enregistrez simplement les modifications.
Progressivement, il vous sera aisé d'observer avec élégance et discernement toute particularité de la bouche de vos interlocuteurs.

Exercice 2 : observation des micro-mouvements du visage
Il s'agit ici de consacrer une autre journée à l'observation des infimes mouvements perceptibles sur le visage. Ces mouvements se produisent au niveau de la mâchoire, du nez, autour des yeux, sur le front, voire les oreilles (c'est plus rare). Faites ces observations en plus de celles consacrées à la bouche.

Exercice 3 : les changements de couleur de la peau
Alors que vous êtes maintenant expérimentés en observation, continuez et agrémentez la calibration du visage en prêtant attention à ses couleurs.
Remarquez les différentes zones du visage, les roses, les rouges, les blanches, les marron. Prenez conscience des modifications des couleurs au cours du dialogue.

Exercice 4 : à l'écoute des sons
Votre mission dans cet exercice consiste à calibrer les caractéristiques de la voix de vos interlocuteurs. Faites cet exercice au cours d'entretiens pour lesquels les sujets de conversation sont facilement à votre portée. Choisissez des interlocuteurs aux voix différentes. Concentrez-vous sur la musique de leur voix. Identifiez les paramètres tels que le rythme et ses variations, lent, moyen, rapide ; le volume, faible, moyen, fort ; le débit, peu ou beaucoup de paroles. Écoutez aussi toutes les modifications de ces paramètres. Faites comme si vous étiez musicien ; moins que les paroles, ce sont le tempo et la mélodie qui vous intéressent.

Exercice 5 : intégration des différents aspects de la calibration

Choisissez trois personnes avec lesquelles vous avez de bonnes relations. Il est plus facile de vous entraîner avec des personnes appréciées qu'avec celles qui vous posent des difficultés. Synchronisez-vous pour conduire avec plus de facilité la conversation sur le terrain choisi.

Avec chacune d'elles, au moment opportun, vous amènerez la conversation sur un sujet agréable pour la personne. Ses vacances, sa maison, ses enfants, ses résultats, ses loisirs ou tout autre sujet sympathique pour votre interlocuteur. Pendant cette conversation, d'une quinzaine de minutes, observez-le attentivement. Remarquez ses mimiques, les expressions de son visage, tout ce que vous savez observer depuis plusieurs jours. Observez aussi ses comportements, ses gestes, et écoutez sa voix. Mémorisez toutes ces informations. Elles constituent une sorte de photographie des sensations internes de votre interlocuteur.

Faites cet exercice avec trois personnes différentes dans une même journée, vous pourrez ainsi observer les points communs mais surtout les différences entre chacune d'elles.

Exercice 6 : constitution d'un album photo

Au cours d'une autre journée, avec les mêmes personnes, vous orienterez la conversation sur un sujet professionnel plutôt difficile. Votre tact et la synchronisation vont vous permettre de mener cette discussion. Concentrez-vous sur les expressions du visage et les intonations de la voix. Mémorisez cette nouvelle photographie. Petit à petit vous constituez un album photo virtuel des différents états de plusieurs personnes.

Au bout de quinze à vingt minutes, clôturez ce sujet puis délicatement, faites glisser la discussion sur le sujet agréable de l'exercice précédent.

Observez alors les modifications du visage et de la voix. Vérifiez que vous retrouvez la photographie exacte identifiée quelques jours auparavant.

Quand vous aurez accompli ce parcours avec trois personnes pour deux états internes différents, vous pourrez fêter, à votre façon, vos nouveaux savoir-faire.

« Écouter les autres, c'est encore ma meilleure façon d'entendre ce qu'ils disent. »
Pierre Dac

Pour chaque interlocuteur, prenez le temps d'observer son visage, ses réactions. Chacun est unique, aussi, ses émotions, ses pensées se reflètent-elles de manière originale. Repérer les variations infimes des différentes expressions de votre interlocuteur vous permettra de rester en phase et en relation de qualité avec lui.

4

« Eh bien… dansez maintenant ! » : les outils de la synchronisation

Imaginez-vous sur une piste de danse, alors que résonnent les premières mesures. Vous avancez, à la recherche d'un partenaire, et remarquez une personne semblant avoir envie de danser. Vous l'invitez. Dès la première passe, vous constatez que vos façons de danser s'accordent.

On assiste alors à la création d'un couple de danseurs fort élégant, chacun menant l'autre là où il veut aller, et ce, sans aucune tension. À la fin de la danse, vous vous séparez, contents l'un et l'autre d'avoir partagé un bon moment.

Ce genre de situation se présente à nous tous les jours. Chaque fois que nous sommes en relation avec quelqu'un, l'occasion nous est offerte de former un couple de danseurs harmonieux. Pour y arriver, ces deux partenaires se donnent la peine de s'intéresser à l'autre, d'observer son rythme, de s'y accorder pendant quelques instants, pour pouvoir finalement guider et suivre en souplesse.

Faites donc l'expérience d'observer deux personnes qui discutent amicalement, donnant l'impression de confiance, de bonne entente et de compréhension mutuelle. Vous constaterez qu'elles sont souvent « synchronisées » : elles adoptent la même posture, bougent au même rythme, utilisent les mêmes gestes et mimiques, le même ton de voix, le même tempo, les mêmes tournures de phrase... Il se crée alors une forme d'accord inconscient, propice à l'épanouissement, à l'ouverture, à la sincérité, à la confidence. Certains diraient : « ça baigne dans l'huile ! », et c'est bien de cela qu'il s'agit : la synchronisation représente véritablement le lubrifiant de la communication.

« La danse est l'une des formes les plus parfaites de communication avec l'intelligence infinie. »
Paulo Coelho / Le Pèlerin de Compostelle

La synchronisation, quoi de plus naturel ?

En réalité, nous possédons tous spontanément cette faculté de synchronisation, et nous l'avons tous utilisée inconsciemment régulièrement, car elle permet d'emblée d'établir un bon contact avec l'autre. Elle n'a pas été inventée par un hurluberlu, dans un coin de laboratoire de psychologie. Au contraire : c'est le fruit d'un long et patient travail d'observation et de modélisation d'actes relationnels performants.

Ainsi, pour qu'un échange se passe bien, vous rentrez spontanément – pendant quelques instants – dans cette « danse de la vie ». Nous savons inconsciemment que toute rupture de synchronisation affecte le contenu même de la communication.

Quand vous vous adressez à un enfant, vous vous agenouillez pour vous mettre à sa hauteur, vous gazouillez avec lui : c'est spontané, c'est naturel et c'est déjà de la synchronisation !
C'est une manière de vous engager envers l'enfant et de devenir coresponsable de sa bonne compréhension du message que vous lui adressez, en faisant preuve de souplesse intellectuelle et comportementale. Notons au passage une des définitions que donne le dictionnaire de la synchronisation, à savoir « Le fait de mettre en concordance les images et les sons ».

La PNL propose de reproduire un mécanisme naturel qui s'avère performant pour augmenter l'harmonie relationnelle, et aboutir ainsi à une communication efficace.

La synchronisation est basée sur le principe du reflet dans un miroir. Elle facilite l'intégration par l'autre de notre présence dans son environnement, uniquement en nous accordant à ses mouvements, ses gestes, son discours.

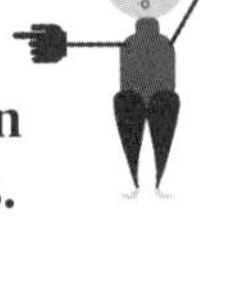

Pourquoi ? La puissance de cet outil ne relève pas de la magie, et l'explication en est très simple. Il suffit de se rappeler d'abord que les messages verbaux et non verbaux de base s'adressent à l'une des parties les plus archaïques de notre cerveau : le reptilien. Celui-ci a pour mission de garantir le territoire, et délimite donc les distances indispensables à la vie. Dans nos relations, nous délimitons sans cesse ces zones de sécurité, par opposition aux zones à risque plus incertaines, qui déclenchent certaines craintes, peurs, angoisses.
Notre cerveau archaïque n'aime pas l'incertitude : il s'en accommode même très mal. Or, lorsque nous entrons en communication avec quelqu'un, celui-ci est, par définition, un autre, différent, étranger, partiellement inconnu. Nous sommes un peu comme un animal rencontrant un autre animal pour la première fois : il se méfie, l'observe, le renifle.

Voilà pourquoi, lorsque nous nous synchronisons avec notre interlocuteur et lui renvoyons ainsi une image qu'il connaît déjà puisqu'elle lui ressemble, nous agissons comme un miroir dans lequel il peut se reconnaître, et lui permettons donc de retrouver chez nous des points de repère connus. Or, l'être humain – comme l'animal – a spontanément confiance dans ce qui est semblable. Notre interlocuteur est donc rassuré et attiré inconsciemment par l'image que nous lui renvoyons.
Dès lors, certaines barrières peuvent tomber petit à petit, et la disponibilité ainsi créée le prédispose à une meilleure écoute envers nous.

Dans une relation, l'ensemble des stimuli que nous envoyons à notre interlocuteur, comporte presque toujours des éléments nouveaux, inconnus, inattendus. Or, il faut savoir qu'un excès de nouveauté sature complètement notre capacité d'absorption de nouveaux messages, et, au-delà, provoque une sorte de malaise, voire de mal-être, pouvant générer de l'anxiété.
Nous aboutissons donc à une situation paradoxale dans laquelle, plus le contenu que nous avons à transmettre à notre interlocuteur sera nouveau pour lui (que ce soit en négociation, pour la vente d'un produit, la mise en place d'un nouveau procédé, l'accompagnement

d'un changement), plus nous devrons lui envoyer des signaux qu'il puisse reconnaître comme familiers.
Cette manière de procéder générera chez lui de la détente et du calme, et nous pourrons ainsi l'aider à s'ouvrir pour enrichir son monde d'éléments nouveaux, sans remettre trop brusquement en cause sa cohérence interne. En résumé : en donnant du « connu » à notre interlocuteur, nous facilitons l'acceptation de l'inconnu.

Notre cerveau a la particularité de saisir l'information de façon globale sans l'analyser rationnellement, et de lui donner ainsi un sens, déclenchant inconsciemment des mécanismes, soit de rejet, soit d'acceptation ; ou encore, de générer de l'intérêt et de la curiosité, qui vont stimuler l'ouverture d'esprit.

L'utilisation des outils de synchronisation suppose que nous prenions d'abord conscience de notre propre responsabilité dans la réussite d'un acte relationnel, que nous l'acceptions, et que nous l'assumions, au lieu d'attendre que l'autre fasse l'effort envers nous : c'est plus fatigant, c'est plus engageant, mais cela nous donne davantage de maîtrise sur la situation.
Ensuite, nous aurons à nous intéresser à l'autre, à l'observer, et à sortir de notre vision du monde, c'est-à-dire de notre cadre de référence, pour aller à sa rencontre.
- Trop simple ? Oui, car ce sont des compétences naturelles. Non, car ce n'est pas évident de porter attention à l'autre tout le temps.
- Démagogie ? Non, ça ne nous oblige pas à épouser les idées de l'autre. Écouter l'autre, s'adapter à l'autre ne signifie pas qu'on est d'accord.
- Manipulation ? Non, car la manipulation suppose de ne pas respecter l'autre.
- Influence ? Oui, car elle suppose le respect des idées de l'autre.
- Précisons aussi qu'il ne s'agit pas de s'amputer de sa propre personnalité. Il est ici question d'utiliser des outils pour mieux connaître l'autre, mieux le comprendre, et mieux fonctionner avec lui : ce n'est pas une fin en soi. Ne confondons pas moyens et objectif.

Les sept leviers de la synchronisation

Lorsque deux personnes sont en interaction de manière harmonieuse, lorsque la confiance et la compréhension sont établies, elles sont en bon rapport. Quand le courant passe entre les deux personnes, on constate qu'elles sont synchronisées. Tout ceci concourt à l'établissement d'une relation forte.
Il existe sept leviers de la synchronisation que nous conseillons de mobiliser au tout début d'une relation, lors des passages difficiles et au moment de se quitter.

LA POSTURE CORPORELLE GLOBALE

Les éléments de posture corporelle sur lesquels il nous est possible de nous synchroniser sont :

- le buste : en avant, droit, en arrière, sur le côté ;
- les épaules : alignées ou non, voûtées, en arrière ;
- l'ensemble du corps : rigide, souple, en mouvement.

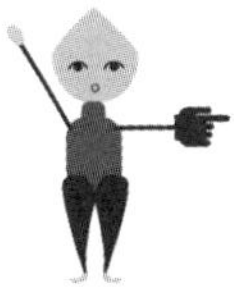

Cette forme de synchronisation requiert un entraînement régulier, de manière à pouvoir reproduire avec aisance la posture globale et les mouvements d'ensemble. Tel un miroir qui reflète l'image dans laquelle notre interlocuteur se retrouve et se reconnaît.

Cette phase d'harmonisation avec les rythmes généraux de notre interlocuteur est véritablement une source de relation de confiance et de respect mutuel.

LES GESTES, LES MACRO-MOUVEMENTS

Nous pouvons synchroniser nos gestes et les mouvements les plus évidents de la manière suivante :

- les mains : fixes, mobiles, croisées, décroisées, agitées, crispées, détendues ;
- la tête : fixe, mobile, penchée (sur le côté, vers l'avant, en arrière) ;
- les bras/les jambes : fixes, mobiles, croisés, décroisés.

Cette forme de synchronisation est surtout utilisée pour accentuer une argumentation, en reproduisant le bon geste, au bon moment. Ces gestes ou macro-mouvements sont faciles à réaliser et à contrôler, d'ailleurs les personnalités politiques, les dirigeants, les professionnels de la communication s'entrainent à les faire.

Il n'en va pas de même avec les micro-mouvements. De nombreux chercheurs, dont Desmond Morris, ont observé des synchronisations gestuelles quasi invisibles à l'œil nu, qu'ils appellent micro-comportements. Effectivement ces micro-comportements s'accordent admirablement dans le cas d'une relation très forte. Mais ils échappent au contrôle volontaire de la personne, on ne peut les maîtriser.
La synchronisation est quasi naturelle entre des personnes bien portantes. En revanche des études réalisées au cours de conversations avec des malades mentaux, montrent clairement que leur synchronisation est infime, voire inexistante. C'est le témoignage de la difficulté profonde à établir un lien de communication avec l'autre.

Imaginez que vous alliez pour la première fois dans un pays étranger, d'une autre culture et vous ne comprenez pas la langue. Afin d'entrer en contact avec les gens et de pouvoir envisager de communiquer avec eux, adoptez leur posture et leurs gestes. Pour cela prenez bien le temps d'observer.
Si vous êtes du genre timide et que vous souhaitez entrer en relation avec une personne ou un groupe de personnes qui vous attirent, synchronisez-vous, faites comme elle ou comme eux. C'est plus facile pour beaucoup de personnes de « draguer » au cours d'une soirée car le contexte permet de faire la même chose, boire un coup, parler des mêmes sujets. Les prétextes de synchronisation sont évidents.

LE VISAGE

Les éléments du visage sur lesquels nous pouvons nous synchroniser sont :

- les paupières : fixes, clignotantes, bien ouvertes, un peu closes ;
- les yeux : fixes, mobiles ;
- la mâchoire : serrée, relâchée ;
- les lèvres : pincées, ouvertes, fermées, souriantes.

La synchronisation des mimiques du visage est particulièrement efficace pour s'accorder à l'émotion que notre interlocuteur vit.

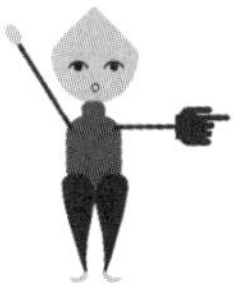

Votre interlocuteur vous parle de quelque chose qui l'a énervé, il produit un mouvement serré de la mâchoire. Il risque de s'énerver encore plus si vous lui renvoyez un visage particulièrement détendu et souriant ! Vous avez donc intérêt à avoir un visage au moins neutre ou avec le même type de tension en fronçant les sourcils, ou autres.

LA RESPIRATION

En rapport avec la respiration, voici les paramètres sur lesquels il est possible de se synchroniser :

- l'amplitude : profonde, superficielle ;
- la sonorité : bruyante, inaudible ;
- le rythme : saccadé, rapide, lent ;
- le type : abdominale, moyenne, haute.

Pour être maîtrisée, cette forme de synchronisation exige beaucoup d'entraînement, et une observation très fine, car elle est relativement difficile à la fois à percevoir et à opérer. Certains prétendent cependant qu'elle est la plus puissante et la plus efficace qui soit car elle permet d'entrer en contact avec le rythme vital de l'autre.

Au début de l'apprentissage de la synchronisation sur la respiration, nous suggérons de ne choisir qu'un des paramètres cités plus haut, et d'adopter soit le rythme, soit la profondeur, soit le type de respiration de l'interlocuteur.

LA VOIX

Les différents éléments sur lesquels nous pouvons nous synchroniser en rapport avec la voix sont :

- la tonalité : aiguë, médium, grave ;
- le rythme : saccadé, lent, rapide ;
- le volume : fort, bas, inaudible ;
- la modulation : monocorde, variée.

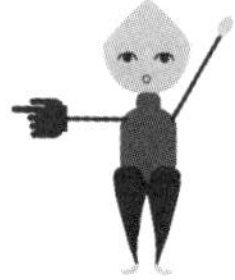

La voix transmet le message verbal. En vous accordant au rythme de la voix de votre interlocuteur, vous vous calquez sur la façon qu'il a de transmettre son message, donc sa façon d'être en contact avec le monde extérieur.

Vous pouvez ainsi, en vous accordant par exemple à un ton de voix grave, renvoyer à l'autre la gravité de ce qu'il vit à un certain moment. En vous synchronisant sur le volume que l'autre utilise (parler fort ou doucement), vous lui restituez la vie qu'il met dans son discours, la vigueur qu'il apporte à la relation. Vous éviterez cependant de faire durer une discussion sur un volume trop fort, en prenant soin de vous y accorder d'abord, mais de guider ensuite ce volume vers le bas.
En négociation, « jouer la même partition que l'autre » en s'accordant à un maximum d'indicateurs, permet d'arriver plus facilement à un accord.

LE LANGAGE

Le langage de l'autre nous donne de multiples occasions de nous synchroniser à lui :

- les prédicats : V A K O G, canaux sensoriels utilisés à travers les mots ;
- les phrases : longues, courtes, ponctuées, saccadées ;
- les silences : rares, fréquents, absents, longs, courts.

Utiliser les prédicats de l'autre, ses mots, ses tournures de phrases, ses silences, c'est s'accorder à sa langue, à son idiome, à sa culture personnelle.

Il est pourtant intéressant – après vous être accordé pendant quelques instants au langage de votre interlocuteur – de le guider vers d'autres prédicats. Pourquoi ? Pour plusieurs raisons, la première étant de ne pas vous laisser enfermer ensemble dans un seul canal sensoriel, et de pouvoir ainsi enrichir la relation. Mais l'autre énorme avantage se situe dans le fait que les mécanismes de persuasion fonctionnent beaucoup mieux lorsqu'un maximum de sens sont excités, car cette multiplicité de canaux d'excitation permet d'augmenter les chances de générer l'adhésion d'abord, l'accord ensuite.

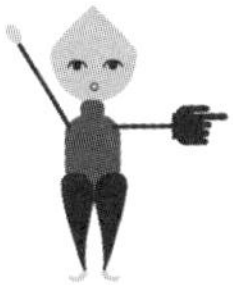

Ces différentes formes de synchronisation fine sont très utiles dans certains métiers et notamment les métiers d'aide et de soutien aux autres.
Par exemple une infirmière qui voudra obtenir une écoute de très grande qualité avec des patients atteints de maladies graves, ou leur famille, pourra trouver dans ces aspects sophistiqués des moyens très subtils de communication. Un juge pour enfant qui cherche à établir la vérité pourra lui aussi trouver un contact de grande finesse grâce à ces approches précises. Un psychologue écoutant des victimes d'attentat fera très attention à ces niveaux de communication.

LA CULTURE

« Quand on est à Rome, on fait comme les romains. »

Illustrons cet adage.
Vous êtes invité chez un ami espagnol qui sert la salade dans un plat commun et chacun des convives se sert dans le plat. Servez-vous avec eux. Vous devez présenter un rapport à votre directeur financier, présentez-lui un tableau avec des chiffres.
Vous déjeunez avec vos futurs beaux parents, qui sont gourmets, accompagnez-les dans leur plaisir de manger.

Le tableau de bord de la synchronisation

Il existe trois types de synchronisation.

Directe
Comme son nom l'indique, on reproduit en temps réel, tout ou partie de la posture ou des gestes.

Croisée
Par exemple : notre interlocuteur parle rapidement. Plutôt que de nous synchroniser en parlant aussi vite que lui, nous pouvons synchroniser son rythme rapide en tapotant au même rythme sur notre genou ou encore avec notre stylo.

Différée/décalée
Ici, la synchronisation est asynchrone. Nous mémorisons les informations que nous allons pouvoir utiliser ultérieurement, au moment le plus opportun.
Par exemple : pendant que notre interlocuteur nous parle, nous enregistrons les mots sur lesquels il insiste, ses silences, les gestes qu'il

utilise en association avec certains mots, et nous les reproduisons plus tard dans la conversation, au moment d'une reformulation. C'est une technique très utilisée par les vendeurs.

Développer la flexibilité intellectuelle et comportementale

Se synchroniser, c'est être centré sur l'autre, disponible et ouvert, tout en poursuivant notre propre intention de communication.

Quant à la subtilité et l'élégance de notre synchronisation, elles sont prépondérantes. Ce qui valide l'efficience d'une synchronisation, c'est que l'autre ne se rende pas compte que l'on applique une technique et se dise : « ah, ce que cette personne est sympa ! » Synchroniser n'est donc pas singer l'autre.
La synchronisation associe de nombreuses qualités. Cet outil apparemment simple n'est pas aussi facile que cela à manier. Il est pourtant utilisé naturellement par tous les bons communicateurs.
La PNL nous propose des outils performants pour mener de concert deux aspects indissociables : un objectif clairement défini et la qualité relationnelle. Par exemple vous souhaitez rassurer le professeur de votre fille en lui prouvant que vous surveillez bien ses devoirs. La discussion est sérieuse, le professeur à l'air grave. Si vous passez votre message sur un ton nonchalant vous risquez d'obtenir l'effet inverse de celui recherché. La manière dont vous passerez le message est fonction de la relation et du type de rapport que vous avez créé et conservé à travers le temps.

Refuser la synchronisation, c'est comme vouloir rentrer en contact avec un étranger tout en refusant d'apprendre à parler sa langue.

La PNL rend conscient un processus que vous utilisez inconsciemment lorsque vous êtes « bien » dans une relation. Elle vous propose aussi de vous entraîner à cette compétence, jusqu'à ce qu'elle soit intégrée. En d'autres termes, la synchronisation nous aide à travailler, coopérer, vendre avec des personnes qui ne sont pas forcément nos amis.

Faut-il toujours se synchroniser ?

Il existe de nombreux cas dans lesquels il convient de se désynchroniser rapidement. Prenons quelques exemples :

- Votre voisin entre chez vous paniqué, en criant : « Qu'est-ce que c'est que cette histoire ? » Tout en respectant le fait qu'il soit en colère, et donc sans aucune ironie, vous vous asseyez sur votre fauteuil, respirez lentement, vous marquez un silence et vous l'invitez à s'asseoir et, si possible, vous lui donnez un verre d'eau.
- Dans une réunion quelqu'un monopolise la parole sans arrêt et cela vous gêne. Vous lui dites : « au fait, c'est à vous la sacoche qui est renversée par terre ? » Ce type de désynchronisation s'appelle interruption de schéma.
- Vous devez prendre la parole dans un groupe dans lequel les conversations sont très animées. Vous lancez avec une voix affirmée et lente : « à propos... » attirant ainsi l'attention sur vous.
- Dans un entretien, un interlocuteur tape du pied nerveusement. Dans un premier temps, vous tapez du doigt sur la table à la même vitesse (synchronisation croisée) et lorsque les rythmes sont synchrones, vous ralentissez progressivement vos battements de façon à ce que l'autre se synchronise sur vous. C'est ce que l'on appelle se synchroniser puis guider son interlocuteur.

Ces exemples nous montrent qu'il existe une vie après la synchronisation. Cette technique sert à rentrer rapidement en relation avec les autres mais peut se révéler lassante et inefficace si elle est maintenue tout au long de la relation. Après une phase d'accord, il convient de guider nos interlocuteurs pour poursuivre nos propres objectifs.

Cette phase est basée sur le principe d'utilité, puisqu'elle répond à la question suivante : « au fait..., à quoi tout cela sert-il ? »
Toute communication est une relation d'influence. Nous nous situons de fait dans une relation de persuasion, avec la volonté d'emmener l'autre vers l'atteinte d'un objectif commun.
Le guidage consiste donc à « conduire » quelqu'un vers une conscience différente des choses.
Ce type de conduite se réalise grâce à des changements discrets et progressifs d'un ou plusieurs indicateurs d'accord sur lesquels on s'était synchronisé. Pendant cette phase, il est bon de calibrer sans cesse, pour vérifier le vécu de l'autre à chaque changement que l'on opère. Il est donc nécessaire d'avoir pris suffisamment de temps pour bien s'accorder à notre interlocuteur, avant de vouloir le guider.

Résumé des objectifs de la synchronisation

1. Créer et maintenir le rapport (la relation) avec notre interlocuteur.
2. Renforcer la qualité de la relation entre deux individus.
3. Réussir plus facilement le premier contact.
4. Se mettre sur la même longueur d'ondes.
5. Aller ensemble vers un objectif en respectant l'intégrité de la personne.
6. Gagner en temps, en compréhension et en plaisir.
7. Être plus proche de l'autre, faire preuve d'empathie.
8. Rendre plus efficaces tous les processus de changement.
9. Éviter les interprétations sauvages.

Quelles sont les qualités nécessaires pour obtenir une bonne synchronisation ?

1. Être entièrement centré sur l'autre, sur son confort, sur son discours.
2. Être un excellent calibreur (observateur)
3. Être ouvert à l'univers de l'autre, l'univers qu'est l'autre.
4. Avoir une bonne maîtrise de sa propre physiologie.
5. Avoir une excellente flexibilité intellectuelle, et comportementale.

Deux mises en garde :

1. Synchronisation ne veut pas dire imitation servile et stupide. Il ne s'agit pas de singer l'autre jusqu'à la caricature, vous risqueriez d'obtenir le contraire de ce que vous souhaitez et de briser le contact, car la personne en face de vous penserait que vous vous moquez d'elle.
2. Attention à certains tics verbaux ou gestuels auxquels on s'accorde inconsciemment. Il n'est pas nécessaire d'être synchronisé pendant toute la durée d'une interaction.

Et... la cerise sur le gâteau !

En faisant comme l'autre, nous apprenons à découvrir une perception différente de la nôtre, une autre sensibilité, une autre relation au monde, et tout cela nous donne l'opportunité d'enrichir nos propres paysages intérieurs. L'ouverture sur le monde des autres est de fait un élargissement de notre propre monde.

Réponses à quelques objections

« Je ne peux pas faire cela, cela va se voir comme le nez
au milieu de la figure. »

Le langage physique est un langage inconscient, à ce titre votre interlocuteur ne se rendra pas compte, vous vous adressez directement à son inconscient. Il aura plutôt l'impression de bien s'entendre avec vous, de se sentir bien, c'est tout. Si vous vous synchronisez sur son modèle du monde, il aura en plus de tout cela l'impression que vous êtes plutôt pareil et donc il vous acceptera plus volontiers. Mais ne le faites pas comme un perroquet, l'élégance avant tout.

« Ça ne peut pas marcher comme ça. »

Observez, par exemple, les gens en tête-à-tête au restaurant et voyez comment inconsciemment ils se synchronisent.

« C'est manipulateur. »

Comme tout outil de communication, la synchronisation et les outils PNL permettent d'influencer pour mieux communiquer mais avec intégrité. C'est une question de conscience personnelle et d'éthique. C'est l'intention qui est ou pas manipulatrice, pas la technique.

« Si je m'occupe du physique ou de la forme, je n'entends plus
ce qu'on me dit. »

C'est juste, on fait difficilement plusieurs choses à la fois. C'est comme la première fois où l'on s'assoit derrière le volant d'une voiture et que l'on commence à rouler ! Pourtant, au bout d'un certain

nombre d'heures de conduite, on peut tourner le volant, débrayer, passer les vitesses, regarder dans le rétroviseur, surveiller le piéton qui est prêt à traverser et son voyant d'essence qui s'allume.
Alors, pour la synchronisation, inutile de reproduire tout, la posture, la voix, les gestes, la respiration, les prédicats.
Choisissez une modalité, puis une autre, puis une autre encore, et petit à petit, vous le ferez plus naturellement.

« Je me trouve ridicule. »

Vous pouvez certes être maladroit au début, si vous n'êtes pas à l'aise, et puis il faut du temps pour acquérir de la fluidité comportementale, c'est comme vouloir gagner Roland-Garros après une semaine de stage de tennis !

Exercez-vous au début dans des situations où l'enjeu est faible, ou avec des inconnus, par exemple, c'est vraiment plus facile.
En conclusion, nous pourrions dire suivez l'autre jusqu'à ce que ce soit lui qui vous suive à son tour car, lorsque la communication « passe » et que vous, vous vous désynchronisez, l'autre, pour maintenir la relation se synchronisera naturellement sur vous à son tour.
Alternez comme cela des phrases : suivre – conduire – suivre – conduire – suivre...
Vous pouvez même, rien qu'en alternant ces étapes, induire des changements de comportements et donc d'états internes chez les personnes.

Avec quelqu'un d'agité, parlant vite, aigu, saccadé, qui fait des gestes brusques, et qui respire vite : synchronisez-vous légèrement sur seulement certains points, la respiration et la hauteur de voix (pas plus et pas trop longtemps sinon vous finiriez aussi agité que lui, c'est contagieux).
Ensuite, conduisez-le avec une respiration un peu plus lente, un ton plus bas, jusqu'à ce qu'il suive, (si ça ne marche pas, suivez, suivez, suivez – et recommencez ou bien prenez un autre point, les gestes ou la posture et petit à petit conduisez).Vous pourrez comme cela, arriver à discuter posément, calmement. Essayez et vous verrez.

Avec quelqu'un de timide en entretien : votre interlocuteur est assis juste au bord de sa chaise, les jambes serrées l'une contre l'autre, la tête dans les épaules raides, les yeux très mobiles, les narines pincées, les lèvres pâles et respire à petits coups, avec les mains croisées sur les genoux. Il parle d'une voix monocorde et sourde. Synchronisez-vous d'abord sur sa posture et sur sa voix et, petit à petit, adoptez une posture physique plus souple jusqu'à ce qu'il vous suive. Observez alors le changement de calibre, ses lèvres plus roses, sa respiration plus ample, ses mains qui se desserrent, observez et ajustez.

La synchronisation utilisée de cette manière est déjà une technique de changement.
Les techniques de synchronisation sont particulièrement adaptées lorsqu'il s'agit d'entrer en contact avec des inconnus ou des personnes délicates. C'est la raison pour laquelle les métiers de la vente ou de contact utilisent ces méthodes.

Voici une petite histoire illustrant joliment notre propos : 3 écureuils, voulant sauver d'une mort certaine une troupe de mulots qui couraient vers un précipice, tentèrent de les arrêter. Le premier se jeta à leur rencontre en leur intimant l'ordre de s'arrêter. L'autorité dont il voulait faire preuve n'eut aucun effet, et il fut piétiné par la troupe qu'il voulait sauver.
Le deuxième, se croyant plus intelligent, se jucha sur un arbre, harangua les mulots afin de les convaincre de la stupidité de leur comportement, mais son souci de convaincre n'eut aucun effet. Il vit avec désespoir la troupe continuer son chemin.
Le troisième, ne disant rien, se plaça en tête de la troupe, se mit à courir au même rythme et dans la même direction qu'elle, puis, au bout de quelques instants, lorsqu'il se sentit bien intégré et accordé ainsi à chacun, il bifurqua doucement et les entraîna loin du précipice et de la mort certaine.

AUTODIAGNOSTIC

En parfaite harmonie...

Choisir la réponse la plus synchrone avec la phrase.

1. On s'entend bien ? N'est-ce pas ? :
a. Moi aussi, je me sens bien avec vous.
b. Nous sommes en harmonie.
c. C'est parce que nous avons la même vision des choses.

2. La moutarde me monte au nez ! Je n'en peux plus de travailler avec Paul !
a. Manifestement, il n'y a pas de déclic entre vous.
b. Je vois bien ce que vous dites.
c. Qu'est-ce qu'a fait Paul, qui vous dégoûte ainsi ?

3. La vie, c'est « donnant-donnant ».
a. Je partage le même point de vue.
b. C'est bien cela, dans une négociation chacun doit se sentir gagnant.
c. Je me dis la même chose.

RÉSULTATS : 1. Auditif : a. = non, kinesthétique ; b. = oui, auditif ; c. = non, visuel **2. Gustatif :** a. = non, auditif ; b. = non, visuel ; c. = oui, gustatif. **3. Auditif interne :** a. = non, visuel ; b. = non, kinesthésique ; c. = oui, dialogue interne

EXERCICE

Entraînement aux techniques de synchronisation

1ère semaine : synchronisez-vous discrètement sur les expressions, les mouvements du visage.
2e semaine : synchronisez-vous en mineur sur les expressions en dominante et sur des éléments de la posture.
3e semaine : synchronisez-vous sur le ton de voix, la hauteur, les variations, et sur les prédicats.
4e semaine : synchronisez-vous sur la respiration.
5e semaine : alternez les différentes formes de synchronisation et cumulez.
6e et 7e semaines : synchronisez-vous et conduisez en alternant les séquences. Suivre, conduire, suivre, conduire...

Faites vous-même votre programme de progrès en fonction des résultats que vous avez atteints.

Quels résultats avez-vous obtenus ?

Quelles synchronisations sont les plus faciles pour vous et comment expliquez-vous cela ?

Quelles sont les synchronisations les plus difficiles ? Comment expliquez-vous cela ?

Quelles sont les actions que vous pouvez entreprendre maintenant ?

5

« Le malheur des uns fait le bonheur des autres » : les recadrages

Samedi, il pleut. Le citadin se lamente : mon week-end est fichu. Dans le Loir-et-Cher, le paysan exulte : après trois mois de sécheresse, il pleut enfin. Les enfants du citadin sont contents : papa va pouvoir jouer avec eux plutôt que d'aller au golf. Le fils du paysan est déçu : il avait donné rendez-vous dans les bois à ses copains. La même réalité - il pleut - prend des sens complètement différents en fonction des préoccupations et des désirs de chacun.

Ce chapitre traite de cette technique de changement que l'on appelle les recadrages, si puissants qu'ils permettent de changer la réalité du monde telle qu'elle est perçue par l'autre. Il voit la réalité à travers son cadre et nous allons lui proposer un cadre différent. Ses convictions, ses valeurs sont alors enrichies de nouvelles perceptions et l'aident à se redéfinir de nouveaux buts. Passons en revue les différentes techniques de recadrage qui nous sont offertes.

« Le succès, c'est aller d'échec en échec sans perdre son enthousiasme. »
Winston Churchill

Le recadrage de sens : la bouteille est-elle à moitié vide ou à moitié pleine?

Le plus célèbre des exemples est sans doute celui de cette bouteille. L'un la verra à moitié vide et l'autre va recadrer cette représentation en faisant remarquer qu'elle est à moitié pleine. Un autre exemple célèbre a fait le tour des directeurs commerciaux.

C'est l'histoire de deux vendeurs de chaussures. L'un revient d'Afrique et dit à son patron : « Y'a rien à faire là-bas, c'est tellement pauvre qu'ils ne portent pas de chaussures ». Et l'autre qui arrive peu après, lui aussi d'Afrique, donne son interprétation : « C'est incroyable, chef. Y'a un marché énorme, le nombre de gens qui n'ont pas de chaussures ! »

Un recadrage de sens permet donc, à partir d'un même constat, de donner une interprétation de la réalité complètement différente de celle de l'autre. Le choc est tel pour l'autre que cela lui donne envie de se poser de nouvelles questions.

Lorsque l'on donne une interprétation plus positive ou optimiste que l'autre, on fait alors un recadrage positif.

> « **Lors d'une célèbre émission télévisée** sur les exemples de Français qui ont réussi aux États-Unis, le journaliste interroge une jeune femme. Elle est française, environ 30 ans, de formation mathématicienne. Elle a fait fortune en Californie et est devenue une star des effets spéciaux sur ordinateurs pour l'industrie du cinéma hollywoodien. Le journaliste lui demande d'expliquer les différences avec la France. Et la jeune femme raconte son premier entretien d'embauche aux États-Unis.
> Il se trouve qu'elle est dyslexique et qu'elle a toujours été très complexée sur ce point. Elle a toujours été un peu à part lors de ses études en France. Lors de cet entretien, elle préfère tout de suite être honnête avec son interlocutrice :
> « Vous savez, je dois vous dire avant que vous m'embauchiez que je suis dyslexique ».
> Et son interlocutrice de lui répondre : « Dyslexique ! Mais c'est formidable, Einstein était dyslexique ». »

Formidable recadrage positif, l'histoire ne dit pas s'il était voulu ou pas. Mais, de toute évidence, il a fonctionné, et il a sans doute aidé cette jeune femme à se décomplexer et à libérer de nouvelles énergies. Ce qu'elle avait toujours vécu comme un défaut, voire une tare, lui était révélé pour la première fois comme un fort potentiel. Et c'est l'anecdote qu'elle raconte spontanément pour expliquer sa réussite aux États-unis.

Prenons maintenant quelques exemples dans la vie quotidienne.

Pierre annonce sur un ton quasi découragé à son épouse Charlène :

« – Chérie, j'aimerais bien bénéficier d'une formation qualifiante, mais à mon âge, cinquante ans, ne suis-je pas trop vieux pour changer de métier ?
– Justement à ton âge, tu ne pars pas de rien comme les jeunes débutants, tu peux apprendre des choses nouvelles et aussi te référer à ton expérience. »

Charlène admoneste son fils Noël :

« – Noël, je suis inquiète, tes résultats scolaires ont baissé ce deuxième trimestre. Ce n'est pas bien.
– Maman, au moins, toi, tu es une mère qui se préoccupe de l'avenir de ses enfants. »

Maud, présidente d'une association de parents d'élèves, reçoit les confidences de sa trésorière :

« – Maud, je me trouve trop timide.
– Au moins, vous êtes discrète, et c'est très bien dans votre rôle de trésorière. »

Laurent se plaint :
« – je me trouve trop gros.
– cela tombe bien, quand les gros maigrissent, les maigres meurent. »

Le patron de Paul lui dit sur un ton sévère :

« – J'ai lu votre rapport. Il y a beaucoup de choses à revoir.
– Ça me fait plaisir de voir que vous avez porté une attention particulière à mon rapport. »

Ce dernier exemple montre que le recadrage sert à maintenir la relation avec celui qui vous a fait une critique en le mettant dans de bonnes dispositions. Il vous installe aussi, pour vous-même, dans des pensées et émotions positives dont vous pouvez tirer profit.

Un recadrage de sens peut aussi permettre de montrer à l'autre une face de la réalité beaucoup plus négative qu'il ne l'imaginait :

« – Moi je vérifie tout, il faut que la maison soit tenue au « carré », quitte à m'y reprendre à plusieurs reprises.
– Bravo, pendant ce temps votre compagnon et vos enfants peuvent se reposer. »

Cela peut être utile pour faire prendre conscience que l'atteinte d'un objectif, le plus souvent « parfait », produit des effets indésirables sur soi ou les autres.
Une façon simple de s'entraîner à des recadrages positifs est de toujours chercher le sens positif d'une expérience, ici et maintenant. Vous pouvez vous aider par des formules du type « ça veut dire que... » ou bien « ça vous prouve que... » ou encore « la question que tu te poses c'est... », et redonner une définition plus positive.

Le recadrage de contexte : hier, demain et ailleurs?

Quelqu'un se confie à vous : « Je suis timide. » Avec le recadrage de sens précédent, vous changiez le sens de timide : discrétion, sensibilité aux autres, charme...
Avec le recadrage de contexte, vous annoncez que la timidité est un atout. Pour cela, vous mettez en lumière l'intérêt d'être timide dans un contexte différent. Par exemple, vous dites à la personne (au choix) :

- « Cela tombe bien, je vais pouvoir te donner une information confidentielle » ;
- « J'ai besoin de quelqu'un de confiance » ;
- « N'est-ce pas cette timidité qui fait ton charme ? »

Si l'autre a un comportement qui ne nous plaît pas ou qu'il se plaint de quelque chose, on va le projeter dans un autre contexte pour l'aider

à analyser son comportement. On prend la croyance ou le comportement de l'autre et on le restitue dans un contexte complètement différent (lieu, personnes, temps, actions). Cela lui permet de valider si sa croyance est encore pertinente dans un autre contexte.
Si vous voulez gagner en aisance pour faire des recadrages de contexte, nous vous conseillons d'élargir votre palette d'expériences. La comparaison avec les autres pratiques permettent d'enrichir sa vision et de recadrer ses interlocuteurs et soi-même par un recadrage de contexte.
Changer de contexte, ou imaginer qu'on change de contexte, change donc notre vision du monde, autant nos croyances que nos émotions et donc nos comportements.

Par exemple, un ami vous dit :

« Je n'arriverai jamais à apprendre l'anglais. » Vous pouvez le recadrer avec une note d'humour : « Mais pourtant les Anglais y arrivent. »

Votre épouse se plaint :

« – Tu ne trouves pas que je manque d'élégance ?
– Vu nos activités sportives, le confort et l'utilité de nos vêtements priment sur leur look. »

« Quelle vie merveilleuse fut la mienne ! Si seulement je m'en étais rendu compte plus tôt ! »
Sidonie Gabrielle Colette

Le recadrage boomerang : il est interdit d'interdire

Ce célèbre slogan de Mai 68 est une excellente illustration de ce type de recadrage. Il ne contre pas directement la conviction de l'autre. Il utilise justement cette croyance vis-à-vis d'elle-même pour en souligner les incohérences. Grâce à l'effet de cohérence vous allez pouvoir faire accepter un recadrage à une personne et la faire progresser en reprenant ses critères et ses convictions.
Le recadrage boomerang met à jour les contradictions d'un raisonnement en réutilisant les propres critères de la personne.

Un ami, sur un ton agressif affirme :

« – Tous les fonctionnaires sont des nantis.
– Oui, effectivement, l'infirmière qui travaille dans un service d'urgence la nuit, le facteur qui apporte le courrier par tous les temps, et l'instituteur d'une classe surchargée sont des nantis... »

Dans cet exemple de recadrage boomerang, il convient de l'exprimer lentement, sans aucune agressivité, et en laissant un silence après pour que le recadrage fasse effet.

Un collègue se plaint :

« – Je ne suis plus motivé dans mon boulot.
– Je trouve déjà encourageant que tu te l'avoues et que tu m'en fasses part. C'est la première étape pour se motiver. »

Pierre dit à son épouse Charlène sur un ton agacé :

« – Tu achètes des vêtements trop chers !
– Oui Pierre, tu es un être cher pour moi. »

« C'est de la discorde que nait la plus belle harmonie. »
Epitècte

Le recadrage de priorité : qu'est-ce qui est le plus important, X ou Y?

L'un de vos collègues se plaint en se lamentant : « On est vendredi soir et j'ai encore plein de boulot. »
Vous pouvez l'aider en lui disant : « Qu'est-ce qui est le plus important pour toi, rester tard au bureau ou t'occuper de tes enfants ? »
Si vous êtes en grande complicité avec lui, vous pouvez ajouter : « Donc, si j'ai bien compris, tu préfères ton boulot à tes mômes », de façon plus directive.
Le recadrage de priorité s'appuie sur ce phénomène naturel qui veut qu'on accepte assez facilement l'idée qu'il y ait toujours un choix à faire. Notre système éducatif est fondé sur la notion de choix : c'est l'un ou l'autre.

Charlène dit à son mari Pierre :

« – Je ne comprends pas pourquoi Laure est plus élégante que moi !
– Qu'est-ce qui est le plus important pour toi : te rendre jalouse et malade

à chaque fois que quelqu'un va s'habiller mieux que toi, ou être heureuse en étant apprécié par ton entourage ? »

Lors d'une randonnée en montagne Pierre dit à Charlène :

« – Tu es trop lente !

– Qu'est-ce que tu préfères ? Que je sois encore en forme demain matin pour la dernière étape ou que tu ailles chercher la voiture pour terminer notre parcours maintenant ? »

Le recadrage de conséquences : et après, y as-tu réfléchi ?

« Lors d'un séminaire de PNL, le formateur demande aux participants s'il y a un ou une volontaire qui est agacé par des comportements répétitifs de ses proches. **Sophie** lève la main et décrit son problème : « J'ai de la belle moquette claire dans l'appartement, mais mon mari et mes enfants la salissent en entrant avec leurs chaussures. Je leur répète tout le temps, cela n'a pas d'effet, et je suis maintenant à bout ! »

Le formateur l'invite à fermer les yeux et à visualiser la moquette de ses rêves, propre et immaculée. Manifestement, Sophie est « aux anges », elle arbore un sourire de satisfaction. Le formateur insiste et lui demande : « c'est bien cela que vous voulez ? » Elle répond « oui » avec affirmation.

Le formateur ajoute alors, laissant planer ensuite un silence ; « très bien, votre rêve suppose que vous n'avez plus de mari, ni d'enfants.... »

L'effet fut radical ! »

C'est la technique du « si... alors », où une cause produit un effet. Toute la puissance de ce type de recadrage réside dans la surprise que l'on provoque en suggérant un effet qui n'était pas pris en compte par notre interlocuteur. En effet, souvent, lorsque l'on se projette dans l'avenir, on ne mesure pas toutes les conséquences de nos pensées ou de nos actes présents. Le recadrage de conséquences met en lumière des conséquences inattendues ou inavouées.

Illustrons la méthode avec deux exemples :

Charlène dit à son amie Caroline :

« Je fais tout pour aider mes enfants lorsqu'ils rencontrent une difficulté scolaire. Ils savent qu'ils peuvent compter sur moi tout le temps. »
Et Caroline de recadrer : « Bravo! ils seront ainsi incapables de surmonter seuls des difficultés! »

Pierre dit à sa femme :

« – Je n'ai jamais été très beau. »
– Tu as de la chance, ceux qui sont très beaux s'enlaidissent en vieillissant. »

Le recadrage zoom Avant/Arrière

Un banquier dit à son client : « vous avez un découvert énorme ». Celui-ci répond : « C'est vrai, depuis quand suis-je client chez vous ? Dix ans. Et depuis dix ans, c'est mon premier découvert ».
L'un reproche à l'autre : « T'es encore en retard, ça prouve que tu ne m'aimes pas ». La réponse : « J'ai cinq minutes de retard ».

Le zoom arrière consiste à prendre de la hauteur quand quelqu'un se focalise sur un point de détail. À l'inverse, lors d'un zoom avant, vous ramenez une situation au factuel et au détail lorsque l'autre tend à généraliser un problème.

Les gouvernants savent bien zoomer : par exemple, au gré de leurs objectifs, annoncer tranquillement : les impôts vont baisser de 4 milliards. Ou bien, pour une autre argumentation, affirmer que ce n'est qu'un effort minime par habitant.

> *« Échouer, c'est avoir l'opportunité de recommencer de manière plus intelligente. »*
> Henry Ford

Vous avez surement remarqué que la majorité des recadrages ci-dessus sont des affirmations et que quelques uns sont des questions. Certains, voulant aider les autres, appliquent des méthodes qui ne sont pas des recadrages. Voulant bien faire, ils les « enfoncent » encore plus, illustrant l'adage : « l'enfer est pavé de bonnes intentions. »

Le tableau suivant donne la liste de ce qui n'est pas du recadrage :

Ce qui n'est pas du recadrage	Exemples de pièges à éviter
Le soutien	« oh ! cela doit être dur à vivre, je suis de tout cœur avec toi »
Les conseils	« tu devrais... », « à ta place... »
Le jugement	« ce n'est pas normal », « tu aurais dû »
L'atténuation	« ce n'est pas grave, cela s'arrangera tout seul », « ça ne dure qu'un temps »
La référence au destin	« on peut rien y faire », « c'est la vie »
La comparaison	« il y en a de plus malheureux »

Un dernier détail : comment savoir si votre recadrage produit son effet ? Il convient de regarder l'autre tout au long de votre intervention. Lorsque vous observez des réactions d'étonnement ou de réflexion de type : « ah, je n'avais pas vu les choses comme cela ! », votre recadrage a fait mouche. Si la personne fait « non » de la tête, se justifie ou se fâche, votre recadrage est raté. Dans ce cas, changez complètement d'angle ou arrêtez.

Retrouver la vivacité de l'enfant ingénu : le cadre du « comme si »

Complétons les techniques de recadrage par des méthodes applicables individuellement, ou en petits groupes. Ces méthodes, que nous regroupons sous le vocable « cadre du comme si », font appel au rêve et à l'imaginaire, là où tout est possible. Cet univers imaginaire nous renvoie au temps de notre enfance où nous jouions à faire « comme si » nous étions un magicien, un autre, un martien, un héros, une fée, un papa ou une maman, etc.

Pour ceux, parmi nos lecteurs, qui acceptent d'intégrer dans leur vie une dose d'imaginaire, le « cadre du comme si » est une démarche simple à appliquer. Il s'agit de poser des questions à un ou plusieurs interlocuteurs qui souhaitent trouver des idées ingénieuses. Vous pouvez aussi transposer cette démarche à vous-même.

Le cadre du « comme si » consiste en fait à permuter les références. C'est pourquoi nous nommons ces méthodes des « permutations ». Examinons de plus près ces permutations, sachant que vous pouvez en inventer d'autres au gré de votre imagination.

« Trop d'entre nous ne vivent pas leurs rêves parce que nous vivons nos craintes. »
Les Brown

LA PERMUTATION DES RÔLES

La permutation des rôles s'inspire de l'esprit du carnaval au Moyen Âge. Le seigneur prenait la place du serf et les serfs celle du seigneur le temps de la fête. Une fois la fête terminée chacun revenait à sa place.

Par exemple, un ami vient vous voir et vous demande avec inquiétude : « Je suis confronté à tel problème. Peux-tu me conseiller sur la manière de l'aborder ? »

L'approche classique consisterait à lui donner des conseils pour l'aider, à partir de votre expérience et de vos compétences. Mais ces conseils, aussi justes soient-ils, entraîneraient le demandeur sur des pistes qu'il risque de ne pas s'approprier.

La permutation de personne consiste à faire trouver par cet ami ses propres réflexions et ses propres pistes d'action. Voici donc la question que vous pouvez lui poser pour vraiment l'aider : « Si tu étais un expert sur ce type de problème, quels conseils donnerais-tu à une personne comme toi, confrontée au même problème ? »
Si vous avez de la chance, votre ami répond à cette question.
Vous lui avez ainsi fait jouer un rôle d'expert.
S'il accepte de jouer ce rôle, il est en mesure de trouver des idées.
Il arrive parfois que certaines personnes s'exclament : « C'est drôle, quand je pense que j'aurais pu trouver cela plus tôt ! »
La permutation de personne se révèle aussi pratique dans la vie familiale. Quand un de vos enfants revient à la maison avec une série de mauvaises notes, vous lui demandez : « Si tu étais le père d'un enfant qui ramène ces notes, que lui dirais-tu ? »

LA PERMUTATION DE L'INFORMATION

La permutation de l'information fonctionne sur le même registre que la permutation de personne. À la différence près que, au lieu de faire référence à un expert imaginaire, on choisit un livre ou un article. Reprenons le cas de votre ami qui vient vous voir en vous déclarant : « Je suis confronté à tel problème. Comment penses-tu qu'il faille l'aborder ? »
Pour qu'il s'aide lui-même, vous lui posez la question : « Imagine qu'il existe un article sur ce sujet, quelles sont les informations utiles que tu y trouverais ? »
Ce type de permutation peut s'opérer avec une émission, un film, un didacticiel…
On aide ainsi notre ami à prendre de la distance sur son problème et à réfléchir lui-même sur les solutions possibles assurables par lui.

« Toute expérience est subjective. »
Gregory Bateson

LA PERMUTATION DANS LE TEMPS

Un ami, que vous savez quelque peu inorganisé et ne sachant pas bien gérer son temps vous annonce : « Avec mon épouse, nous avons décidé d'acquérir un logement sur plan en centre ville qui nous sera livré dans deux ans. Nous avons déjà payé les 5% dus à la signature du contrat. Toi, qui as connu une expérience similaire, peux-tu m'aider à planifier toutes les démarches : vente de l'appartement actuel, plan de financement à crédit, déménagement, et autres évènements incontournables ? »

Une réponse classique consisterait à lui fournir un plan d'organisation et une démarche de planification. Ce plan est le vôtre et pas le sien.

Vous pouvez donc l'impliquer et développer sa propre ingéniosité en lui posant une série de questions ayant pour but de le faire voyager dans le temps afin qu'il bâtisse lui-même son propre planning.

- **Première question :** « Imagines que tu es dans ton nouvel appartement dans deux ans, quelles en sont les conséquences pour toi, ta famille, tes proches et ton job? » (Laissez répondre).

Grâce à cette question, votre ami visualise son objectif et évalue les conséquences de l'atteinte de l'objectif : ses bénéfices mais aussi ses contraintes nouvelles.

- **Deuxième question :** « Un mois avant d'atteindre ton objectif d'emménagement, que dois-tu tu avoir mis en œuvre pour qu'il se réalise ? » (Laissez répondre).
- **Troisième question :** « Six mois avant l'atteinte de cet objectif, que dois-tu avoir mis en œuvre pour qu'il se réalise ? » (Laissez répondre).
- **Quatrième question :** « Que dois-tu avoir mis en œuvre dans un an pour atteindre l'objectif ? » (Laissez répondre).
- **Cinquième question :** « Que dois-tu avoir réalisé dans un an pour atteindre cet objectif ?
- **Sixième question :** « Et dans 6 mois?, et dans 3 mois ?
- **Septième question :** « Que dois-tu faire la semaine prochaine pour être sûr d'atteindre ton objectif ? »

Il existe des variantes plus rapides à la permutation dans le temps. Par exemple, pour votre fils ou fille qui est toujours en retard dans son travail scolaire : « Si tu n'avais qu'une heure pour faire ce travail, comment t'y prendrais-tu ? »
Autre variante pour ceux qui sont toujours pressés : « Si vous aviez un an pour faire ce travail, comment vous y prendriez-vous ? »

LA PERMUTATION DE FONCTION

Vous connaissez probablement dans votre entourage des personnes qui se rendent malheureuses en poursuivant des buts difficiles voire irréalistes à atteindre. Peut-être vous-mêmes êtes dans ce cas. La permutation de fonction est alors recommandée.

Par exemple, l'un de vos amis vous dit : « Il faut absolument que je grimpe sur l'Everest. J'en ai toujours rêvé. » Précisons que cet ami,

âgé de 58 ans, s'adonne à la randonnée alpine depuis 30 ans et qu'il a déjà gravi des sommets de 2500 à 3500 mètres.
Si vous le sentez motivé et qu'il s'est défini un programme d'entrainement sur deux ans assorti d'un suivi médical, dites lui : « tu es courageux. »
En revanche si vous estimez qu'il s'agit d'un vœu pieu, sachant qu'il n'arrive plus à courir dix kilomètres d'affilée, il est éligible à cette permutation.

Vous commencez par lui poser une question sur les bénéfices escomptés d'un tel résultat.
« Qu'est ce que cela te ferais de grimper sur l'Everest ? »
Imaginons qu'il réponde :
« J'aurais le sentiment d'avoir accompli un rêve. Je serais fier de moi. Mes proches m'admireraient… »
Cette réponse constitue la fonction attendue par lui de la réussite de son objectif.
La permutation de fonction consiste à l'orienter sur des activités à sa portée, susceptibles de lui apporter les mêmes bénéfices.
« Que pourrais-tu faire d'autre, que grimper sur l'Everest, qui te procurerais le sentiment d'accomplir un rêve, d'être fier de toi et admiré par tes proches ? »
S'il répond :
« Tu m'énerves avec tes questions. J'ai l'impression que tu veux briser mon rêve ! », n'insistez pas. Pas la peine de le sauver contre son gré.
Si après un temps de réflexion, il répond :
« Je pourrais écrire un roman, euh, traverser l'Australie en 4X4 avec mon épouse, euh, reprendre mes études en vue d'un doctorat… », il s'oriente lui-même sur des objectifs à sa portée.

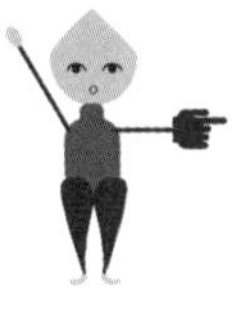

Ce type de permutation repose sur l'idée que ce n'est pas l'action qui est un but en soi, mais les satisfactions que l'on peut obtenir de cette action.

Vous pouvez bien entendu l'appliquer à vous-même :
« Qu'est ce que je pourrais faire d'autre que ce seul but pour obtenir les mêmes bénéfices ou des bénéfices approchant ? »
Ne restons pas bloqués sur un seul but alors que pléthore d'autres peuvent aussi nous satisfaire.

Pour vous aider à choisir le type de permutation qui va accélérer la résolution des problèmes ou la recherche d'idées nouvelles, le tableau ci-dessous vous indique les prescriptions adaptées aux types de permutation.

« On a deux vies.
Et la deuxième commence
le jour où l'on se rend compte
qu'on en a qu'une. »
Confucius

Type de permutation	**Prescription**
Rôle	Pour ceux qui demandent l'avis des autres et cherchent à établir des relations.
Information	Pour ceux qui aiment réfléchir et ont le goût des démarches intellectuelles.
Temps	Pour les personnes qui rencontrent des difficultés de prise de décision, de planification de projet, d'organisation.
Fonction	Pour ceux qui s'enferment dans leur position et ont du mal à écouter les autres.

L'imaginaire étant par définition illimité, nous pouvons inventer d'autres types de permutations en fonction du contexte, de l'urgence, du type de personnes en présence.

- **La permutation de pouvoir :** « Si vous aviez tous les pouvoirs, que feriez-vous pour atteindre votre objectif ? »
- **La permutation de moyens :** « Si vous aviez tous les moyens, que feriez-vous ? »
- **La permutation de droits :** « S'il n'y avait pas de règles légales, que feriez-vous ? »
- **La permutation de l'argent :** « Si vous aviez tout l'argent disponible, que feriez-vous ? » Autre version : « Si vous aviez seulement la moitié des ressources financières disponible, que feriez-vous ? »

Et nous vous faisons confiance pour trouver d'autres permutations.

Comme la plupart des approches créatives, les méthodes issues du « cadre du comme si » se déroulent en trois temps :

- **Premier temps :** toutes les idées trouvées, même les plus osées et les plus farfelues sont bonnes à prendre. Ce premier temps consiste à privilégier la quantité des idées sans tenir compte de leur qualité. Attention donc aux phrases qui « tuent » la pensée créative : « cela ne se fait pas ! », « c'est trop cher ! », « ce n'est pas dans nos habitudes ! », « les autres ne voudront pas ! »...

- **Deuxième temps :** lorsque toutes les idées sont recensées, le deuxième temps consiste à les passer au crible des contraintes réelles. Toutefois, pour éviter que ces contraintes soient exagérées, il convient de valider ces contraintes avant de rejeter une idée en se posant la question : « qu'est-ce qui nous empêche d'appliquer cette idée malgré cette contrainte ? »

- **Troisième temps :** sélectionner les idées retenues, décider et planifier l'action. Il convient ensuite de rajouter un quatrième temps de suivi de l'action et un cinquième de bilan et d'actions correctives (ces deux dernières phases n'entrant pas directement dans notre sujet sur l'ingéniosité).

Il existe encore bien d'autres façons de recadrer. Nous avons vu les principales qui, souvent, peuvent se chevaucher ou se mêler entre elles. Le plus important pour un recadrage est bien sûr son efficacité. C'est-à-dire sa faculté à forcer son interlocuteur à réfléchir à nouveau à « son modèle du monde » et à ses affirmations. Nous verrons dans un autre chapitre « les métaphores » qui sont, elles aussi, un moyen pour recadrer. Et si à ce moment du chapitre, avant les exercices vous vous dites quelque chose comme : « Je n'y arriverai pas », nous vous répondrons sûrement que : « vous n'y êtes pas encore arrivé ».

EXERCICES

Entraînez-vous aux différents types de recadrage

Exercice 1

Voici une affirmation et différents types de recadrage. Indiquez s'il s'agit d'un :
a) recadrage de sens
b) recadrage de contexte
c) recadrage boomerang
d) recadrage de priorité
e) recadrage de conséquences

« Ton retard à notre rendez-vous prouve bien que tu te moques pas mal de moi »

☐ 1. « Si tu avais été en retard toi-même, cela voudrait dire que tu te moques de moi ? »
☐ 2. « Je t'aime tellement que je t'ai acheté quelque chose sur la route en venant »
☐ 3. « Comme je suis en retard, on évitera l'heure d'affluence »
☐ 4. « J'aurais préféré que tu me dises plus tôt que la ponctualité est si importante pour toi »
☐ 5. « Préfères-tu que je vienne sans prendre le temps de me préparer ? »

« Dans une discussion, si je ne connais pas le sujet, je me sens bête »

☐ 1. « Ne trouves-tu pas embêtants les gens qui connaissent tout ? »
☐ 2. « Et si tu appelais cette sensation la curiosité ? »
☐ 3. « Si tu écoutes, au moins la prochaine fois tu te sentiras moins bête »
☐ 4. « Que préfères-tu ? Te sentir bête ou l'être ? »
☐ 5. « Fais comme les hommes politiques ! »

RÉSULTATS :

« Ton retard à notre rendez-vous prouve bien que tu te moques pas mal de moi »
1. b ; **2.** a ; **3.** e ; **4.** c ; **5.** d
« Dans une discussion, si je ne connais pas le sujet, je me sens bête »
1. c ; **2.** a ; **3.** e ; **4.** d ; **5.** b

Exercice 2

Voici quelques affirmations ou opinions négatives. À vous de les recadrer à l'aide d'une des 5 techniques.

« Notre budget vacances est dépassé »

« Ce sont toujours les mêmes qui se mettent en lumière »

« Tu manques de souplesse et de réactivité »

6

« Stimulons-nous » : les ancres

« Je sors, je vais me changer les idées. » C'est une phrase qui fait partie de notre vie quotidienne. En effet, nous connaissons tous les bienfaits d'une promenade dans la nature ou en ville pour « se changer les idées ».
Lors d'une contrariété, d'un stress, d'une tristesse, c'est-à-dire lors d'un état émotionnel négatif, il est difficile d'en sortir sur un claquement de doigts : « Je ne veux plus être contrarié » ou « Je ne veux plus être stressé. »

On ne change pas son émotion de l'instant, son État Interne, si facilement. Nous préférons donc aller nous « changer les idées » car nous savons que cela est plus efficace. Nous savons que cette promenade nous aidera à sortir progressivement d'une humeur triste ou contrariée. En effet, un rayon de soleil, un chant d'oiseau, un baiser d'amoureux, un bel objet en vitrine, seront autant de déclics qui nous permettront d'accéder à une humeur plus joyeuse. Car cela nous fera ré-accéder, consciemment ou inconsciemment, à des moments de notre vie plus gais ou plus sereins.
Ces déclics sont ce qu'on appelle des ancres, c'est-à-dire des associations entre des signes extérieurs et des états émotionnels positifs ou négatifs, enfouis dans notre inconscient et qui resurgissent lorsque nous faisons quelque chose de particulier. Un rayon de soleil nous rappelle et nous fait ressentir nos vacances ; un chant d'oiseau, notre enfance à la campagne ; la photo du Mont-Blanc, l'immensité et le bonheur ; l'odeur du kérosène, la peur ou l'angoisse de l'avion.

La PNL nous permet de mieux utiliser le phénomène des ancres pour accéder à des émotions positives très rapidement.

« La joie ne suit pas la victoire, elle la précède. »
Yannick Noah

Ancrer des ressources positives pour pouvoir les utiliser à l'instant voulu

Dans les métiers de communication et de rencontres, on sait qu'il est très important de donner immédiatement, la meilleure impression possible à son interlocuteur : « On n'a jamais l'occasion de faire deux fois une bonne première impression », selon l'adage populaire. On parle souvent de la règle des « cinq-vingt », les vingt premières secondes, les vingt premiers pas, les vingt premiers mots, les vingt centimètres carrés du visage, les vingt premiers gestes. L'ensemble doit refléter l'enthousiasme, l'assurance et l'approche positive et souriante de celui qui veut se rendre sympathique.
Nous avons tous, en tant que client, connu ce type d'expérience à l'inverse : le commerçant désagréable, « porte de prison » ou trop peu confiant en lui, qui nous fait fuir de son magasin.

La question se pose donc, comment donner la meilleure impression à l'autre ?

Comment être souriant, positif, enthousiaste sans que cela soit forcé, mais soit naturel et pourtant initié « à la demande » comme savent le faire les grands communicateurs ?
L'ancrage permet d'obtenir des résultats stupéfiants. Cette technique consiste à « ancrer » en nous un état d'excellence de façon à y accéder à la demande, et notamment lors de cette fameuse première approche d'un inconnu, ou lors d'un entretien ou d'une réunion difficile dans un contexte professionnel.

EXERCICES

Ancrez-vous des ressources positives

Premièrement, repensez à une belle expérience dans votre vie à un instant précis. Un instant où vous vous êtes senti parfaitement en confiance.
Vous vous revoyez, souriant et ouvert aux autres. À ce moment, vous entendez peut-être des mots ou des sons.
Vous ressentez en vous une sorte d'assurance et de joie.
Vous baignez dans cet instant de bonheur. Revivez ce souvenir.

Deuxièmement, associez maintenant cet « instant » à un mot ou un son de votre choix. Ce mot ou ce son évoque pour vous ce souvenir précis.

Troisièmement, dans le même temps, vous faites alors un geste particulier et précis (un geste que vous pourrez répéter facilement en public et suffisamment différent pour ne pas être déjà naturel, voire un tic). Par exemple une pression sur votre main, votre poignet, votre genou.
Vous venez d'ancrer un état d'excellence. C'est-à-dire que vous avez associé une émotion positive (un État Interne positif) à un mot, un souvenir, un geste précis (un Comportement Externe déterminé). Cet état devient un état de ressource pour vous, dont vous pourrez vous rappeler à tout moment.

En vous répétant ce mot, en visualisant ce souvenir agréable, en reproduisant votre geste fétiche, par exemple une pression sur votre main, vous faites resurgir cette émotion positive instantanément. Cela vous aide immédiatement pour sourire à vos interlocuteurs, gagner en confiance avant un entretien à enjeu ou une prise de parole en public. Avant chaque moment important, sentez-vous en confiance et serein immédiatement, ré-accédez facilement à cet état.
C'est tout de même plus pratique que d'aller en forêt ou se promener, car vous pouvez y faire appel avant toute situation à enjeu en quelques instants, mais le principe reste le même. En effet, changer nos émotions en accédant à des émotions positives influence directement et immédiatement notre aspect extérieur (sourire, ouverture aux autres, détente) et notre façon de penser, et donc, nos futurs comportements et nos résultats.
C'est là tout l'intérêt des ancres positives.

Renforcez votre ancrage

À chaque grand moment que vous vivrez (par exemple, une belle performance, mais aussi une joie personnelle, une satisfaction), faites votre geste, repensez à votre mot évocateur et enrichissez votre expérience de cette nouvelle ressource. Votre ancrage n'en deviendra que plus fort. Plus vous l'utiliserez, plus les enchaînements se feront rapidement, le seul mot ou une simple image de votre souvenir vous permettront immédiatement de retrouver cette émotion de confiance en vous.

Cette technique qui est une sorte d'auto-motivation, est très utilisée dans le monde sportif où il est essentiel d'être prêt mentalement le Jour J. Cela permet de donner confiance à un athlète avant une compétition, gage de toute réussite. Yannick Noah, connu pour ses résultats de champion puis de coach le dit à sa manière : « La joie ne suit pas la victoire, elle la précède », autrement dit, il faut accéder à des émotions positives, des joies pour enclencher la réussite. C'est la meilleure façon d'aborder quelqu'un positivement ; ce que vos interlocuteurs ressentiront immédiatement et qui mènera la suite de la relation vers la réussite.

Est-ce une clé magique ? Non. Dans notre vie professionnelle et personnelle, nous pouvons aussi connaître des chemins qui ressemblent plus à un grand 8 qu'à une route de campagne. Et dans certaines montagnes russes, la crémaillère de l'ancrage positif peut s'avérer insuffisante pour remonter la pente.
Un mauvais souvenir lancinant et récurrent nous inhibe. Une relation désagréable qui nous a fermé la porte au nez sur une opportunité ou qui nous a critiqué dans notre dos. Ou encore la dernière réunion professionnelle catastrophique où nos collègues et chefs se sont moqués de nous.
Ce sont des ancres négatives trop fortes, c'est-à-dire une ou des émotions négatives associées à une image, une situation, un mot. Et lorsque cette image, cette situation va se reproduire, alors automatiquement l'émotion négative va revenir. Nous risquons alors de nous retrouver avec le trac, l'angoisse, ou encore d'être agressif, ou même partir battu d'avance. C'est-à-dire exactement un programme d'échec.

Comment se débarrasser d’ancres négatives trop pesantes ?

Dans ces cas, employons au préalable une autre technique que nous appelons l’exercice du metteur en scène. Cela peut être utile dans un premier temps, pour neutraliser un souvenir négatif trop fort avant d’accéder à un état positif par l’ancrage positif.
Richard Bandler qui décrit cette technique simple dans son livre « *Un cerveau pour changer* », souligne avec provocation, que cela permet facilement d’éviter des grosses dépenses chez son « psy ».
Il est certain que cette technique peut suffire en elle-même dans de nombreuses situations, mais elle ne peut évidemment pas soigner tous les types de traumatismes ni les névroses profondes.
Le mieux est de vous faire une opinion par vous-même.

EXERCICE

Le metteur en scène

Vous avez donc un mauvais souvenir ? Un tracas qui resurgit et qui vous paralyse dans certaines occasions. Essayons de le chasser de votre esprit.

Premièrement, revivez l’instant du malaise. Revoyez ce film dans votre tête :

- Qui sont les acteurs ? Quel est le décor ? Revoyez assez précisément l’endroit, les objets.
- Êtes-vous dans le film ou derrière la caméra en train de filmer ? C’est-à-dire êtes-vous associé dans votre souvenir (vous le revoyez à travers vos yeux) ou êtes-vous dissocié (vous vous voyez en acteur dans le film de votre souvenir).
- Ensuite, écoutez : quels sont les bruits, les paroles ? Qu’entendez-vous exactement ?
- Ressentez-vous quelque chose de particulier dans votre corps ? Votre gorge qui se renoue, une chaleur au ventre, des picotements aux yeux, etc.

Deuxièmement, effectuez quelques réglages différents.

1re hypothèse : votre souvenir est plutôt lié à une image, quelque chose de visuel :

- S'il y a peu de lumière, augmentez progressivement la lumière jusqu'à ce que la luminosité devienne totale et aveuglante.
- Si l'image est fixe ou lente, accélérez la vidéo jusqu'à ce que la bande défile si vite qu'on ne distingue plus aucun détail.
- Si l'image est sur écran panoramique style Grand Rex, la diminuer progressivement pour la voir sur une petite télé portable de la taille d'un timbre.
- Si l'image est claire avec force détails, distillez un écran de fumée pour la rendre un peu floue. La fumée monte par le bas et envahit tout l'écran.
- Et si vous reviviez votre souvenir à votre propre place (associé), passez derrière la caméra. Refaites la scène sous un angle différent et voyez-vous dans le souvenir (dissocié). Si vous étiez déjà dissocié, restez-y.

2e hypothèse : votre souvenir est plutôt lié à une parole (exemple : une parole cinglante, une critique, une musique détestable).

- Baissez progressivement le volume, doucement.
- Puis la tonalité.
- Enfin finissez sous l'eau avec la musique du Grand Bleu, toute parole sous l'eau se transformant instantanément en gloup-gloup avant de devenir silence.

Troisièmement, s'il le faut encore, faites entrer sur le plateau de nouveaux figurants ; à votre guise, par exemple des éléphants roses déguisés en majorettes faisant de la musique ou Obélix, un sanglier rôti dans la main.

Commencez par appliquer cette technique à vous-même puis vous pourrez ensuite aider un de vos proches à faire de même. En effet, nous pouvons aussi créer et utiliser des ancres pour les autres.

Travaillez les sous-modalités

Cet exercice est reproductible autant de fois que vous le souhaitez. Mais souvenez-vous : c'est l'exercice du metteur en scène. Nous vous avons donné quelques pistes mais c'est d'abord à vous de trouver les réglages et les changements qui vont modifier quelque chose. C'est aussi votre faculté de rire de vous-même. Cette technique s'appelle en PNL, travailler sur les sous-modalités. En changeant la structure de nos souvenirs (lumière, sons, figurants...) c'est-à-dire les sous-modalités, nous changeons l'émotion associée à ce souvenir. Donc nous modifions l'ancrage. Lorsque vous retrouverez ce voisin, ce client, ce collègue ou autre qui vous rappelle ce souvenir, l'émotion associée aura changé.

Comment créer et utiliser des ancres pour guider les autres dans des émotions qui nous sont favorables ?

Le monde extérieur et le monde intérieur produisent une infinité d'ancres.

Par exemple, en sport. Souvent, d'anciens joueurs professionnels deviennent commentateurs sportifs : ils sont des références pour décoder leur sport. La richesse de leur expérience de joueur, puis d'observateur, leur permet de deviner à l'avance les réactions d'une équipe ou d'un champion. Certains appellent cela l'intuition. À l'issue d'un scénario type (un but, une occasion gâchée...) ou en voyant les réactions de certains joueurs (gestes de nervosité, tête décomposée...) invisibles pour d'autres, donc à partir d'un Comportement Externe, ils savent deviner l'état psychologique du champion. Donc son État Interne, puisqu'ils revivent eux-mêmes ces émotions probablement. En revivant cette ancre, ils peuvent en déduire à l'avance la réaction du champion ou de l'équipe.

Avant de prendre la parole en réunion, s'il y a du bruit dans la salle : gardez le silence, regardez tout le monde. L'auditoire va se calmer et accéder à un état d'écoute. Par un Comportement Externe précis (le silence et le regard), vous faites retrouver un État Interne positif (l'écoute). C'est une ancre que vous utilisez peut-être, une ancre que nous avons sans doute apprise sur les bancs de l'école.
Si cette ancre n'est pas suffisante et que quelques-uns continuent de parler, appliquez-en une deuxième. Par exemple, en lançant d'une voix puissante : « À propos... ». Un comportement ancré d'attention attirera votre auditoire. Dans ces deux cas, l'ancrage est un phénomène collectif.

L'amuseur de service qui fait de l'humour à répétition dans un groupe, utilise aussi cette technique. Il lui suffit ensuite de répéter un mot, un son pour nous faire revivre sa blague entière et rire à nouveau (à condition qu'elle nous ait fait rire la première fois...). « Allô, non mais allô quoi » façon Nabila « Oookaayy » façon Clavier. Ou « C'est l'histoire d'un mec »... façon Coluche. Ne venez-vous pas de ressentir un souvenir nostalgique ou amusé ?

Nous pouvons donc utiliser des ancres collectives. Reprendre un trait caractéristique, une parole, une image d'un film à succès, d'une émission populaire, c'est réutiliser une ancre pour induire une émotion positive chez nos interlocuteurs. De même parler à quelqu'un du jour où il s'est marié, de son enfant ou passer de la musique de son pays à un visiteur étranger vous donne une bonne chance statistique de lui faire accéder par cet ancrage à une émotion positive.
A contrario, nous devons aussi être attentifs à ne pas provoquer chez l'autre une ancre négative. Il est évidemment difficile de deviner à l'avance ce que peuvent être les mauvais souvenirs associés d'une personne. Il en est cependant qui sont largement répandus. Par exemple, pour un entretien d'embauche, une tenue correcte, de la ponctualité, et des écrits sans fautes d'orthographe ne vous feront pas obtenir tous les jobs de rêve mais vous éviteront assurément d'en louper juste pour ces raisons.

Pour être efficace et pouvoir être réutilisée, l'ancre doit s'imprégner à un instant précis en nous, à l'occasion d'une expérience inhabituelle ou extraordinaire, ou au moment d'intensité de notre émotion. Si nous avons vécu nous-même une fois en tant qu'auditeur, l'efficacité étonnante du silence d'un orateur sur le groupe, alors l'ancre est en nous pour longtemps et se renforcera à chaque expérience. Ou si la blague nous a vraiment fait rire, le comique de répétition fonctionnera à merveille.

Il faut donc profiter d'un moment fort, où l'émotion positive est à un instant paroxystique pour l'ancrer. On va alors l'associer à un comportement externe précis, un geste, une parole, une image, etc.

Avant de coucher un enfant, je le calme et je le prends dans mes bras. Lorsque je sens qu'il est complètement apaisé, à la recherche du sommeil, je peux par exemple poser ma main sur sa nuque (ou n'importe quelle autre partie bien distincte de son corps) tout en chantant une chanson douce. J'ancre cet état de calme et de recherche de sommeil. La prochaine fois que j'irai le coucher, je rechante cette chanson et je repose ma main sur sa nuque dès que je le prends dans mes bras. Je lui permets ainsi d'accéder plus rapidement à cet état de calme et de sommeil. Plus efficace que lui mettre un écran de tablette dans les mains …

En groupe, lors d'une réunion ou d'une soirée entre amis, vous profitez d'un éclat de rire général pour faire un son qui illustre ce moment, ou un geste particulier (bras haut levés à la de Gaulle, V de la victoire, un mot accentué de façon particulière : brrraaavoo, yeeeaaahh maann...). Plus tard, dans la réunion, si l'ambiance se tend, devient nerveuse ou ramollie, refaire référence à votre schéma ou dessin, votre geste, votre mot, fera revenir immédiatement le groupe dans le moment précédent de rire et donc des émotions positives. Vous remarquerez que votre ancre fonctionne quand les visages se mettent à sourire.

Le cas particulier des ancres spatiales

Nous avons jusqu'à présent parlé de Comportements Externes tels que les gestes et les mots pour ancrer des États Internes. Mais notre position dans l'espace permet aussi d'associer et d'ancrer des émotions et États Internes particuliers.

Quand on interroge Frank Piccard, deux fois champion olympique de ski, sur la manière dont il arrivait à dominer sa peur dans les descentes, il explique qu'il recherchait toujours des sensations différentes en pratiquant des sports tels que la planche à voile ou le parachute. Ces situations nouvelles permettent d'appréhender la peur différemment (sic). Changer de contexte, ou imaginer qu'on change de contexte, change donc notre vision du monde, autant nos croyances que nos émotions et donc nos comportements. À sa façon, ce champion cherchait à déstructurer les émotions négatives, comme la peur, avec une sorte d'exercice du metteur en scène en vrai, et à faire des ancrages différents. Ne plus avoir la même peur quand j'ai de la vitesse et mon corps couché de telle façon.

Vous devez intervenir dans une assemblée d'une grande importance et vous avez le trac. Arrivez très en avance, avant que votre trac monte, pour que ce lieu n'y soit pas associé. Puis prenez possession de l'espace. Tant que vous êtes encore serein, bougez dans la salle, allez vous asseoir à la place de celui qui vous questionnera tout à l'heure, allez aux quatre coins un peu à la manière d'un chien qui découvre un nouveau lieu... Tout à l'heure quand vous interviendrez, ces espaces seront ancrés à l'état plus calme que vous connaissiez avant qu'ils ne se remplissent de monde.

La PNL développe de nombreuses approches, notamment thérapeutiques, qui utilisent les ancres spatiales. En ancrant différentes émotions à la suite, liées à différents endroits où la personne se place, on peut ensuite facilement procéder à des enchaînements d'ancres qui peuvent aider une personne à revivre différemment une émotion liée à un événement particulier.
Apprenons à utiliser les ancres à bon escient et faisons attention aux ancres négatives véhiculées par d'autres.
Par exemple, quelqu'un vous parle d'une très mauvaise expérience qu'il a eue avec un tiers, avant que vous-même ne rencontriez cette personne. Ne l'écoutez pas trop. Car il est en train d'ancrer des émotions négatives. Quand vous serez face à la personne en question, vous commencerez immédiatement votre relation avec une émotion négative.
Chacun d'entre nous a ses propres techniques, vous pouvez en inventer.

7

« Demandez le programme ! » : les métaprogrammes

Un groupe d'amis discute de la soirée de la veille :

- Sandra : « À la soirée, il n'y avait que des personnes que j'aime bien. C'était suffisant pour passer un bon moment, comme la dernière fois. »
- Xavier : « Oh ! Moi, j'ai trouvé la soirée plutôt fade, on s'est ennuyé ! »
- Quentin : « Il y avait 63 personnes - 30 hommes - 33 femmes. Une moyenne d'âge d'environ 35 ans. Je devais être le plus jeune, et toi, David, le plus âgé. »

- Raymond : « Les gens étaient habillés de manière sobre et décontractée. Et, tu as remarqué comme la musique répondait bien aux goûts de chacun ? »
- David : « Oh, les soirées que l'on faisait avant, c'était tout de même beaucoup mieux ! »
- Véronique : « Moi je suis venue parce que je m'ennuyais toute seule à la maison, sinon... »
- Nathalie : « Je n'ai presque pas dansé. Je suis restée dans mon coin, et personne n'est venu me voir… »
- Kevin : « Eh bien, moi, je n'ai pas arrêté de danser, je voulais perdre des calories. »
- William : « Moi, je suis parti de bonne heure. Je devais me lever tôt, j'ai plein de boulot en ce moment. »
- Anatole : « Eh bien, moi aussi j'avais plein de choses à faire. Mais, j'étais là, et tant pis pour le reste. »
- Odile : « Moi, dès qu'on m'a dit qu'il allait y avoir une soirée, je me suis dit : Là, je vais m'amuser, je vais prendre mon pied. J'y vais. »
- Pascal : « Bof… Les petits fours étaient trop salés, la sangria était chaude, et il n'y avait même pas de champagne. »
- Francine : « J'adore ce genre de soirée. Cela nous relie les uns les autres. »

«Les deux jours les plus importants de votre vie sont le jour où vous êtes nés et celui où vous avez compris pourquoi. »
Mark Twain

Chacune de ces personnes nous informe – à travers la structure de son langage – sur la façon dont elle a filtré la réalité à un moment donné. Elle nous parle ainsi de ce qui est important pour elle. Elle produit certains types de fonctionnements spontanés que la PNL appelle métaprogrammes (MP).
Un MP est un schéma préprogrammé, une structure

installée chez la personne – en relation directe avec sa conception du monde, sa représentation de la réalité – et qui oriente son mode de pensée, son ressenti, ainsi que sa façon d'interagir et de se comporter avec son environnement. Avec les MP, nous sommes au cœur de la structure de l'expérience subjective inconsciente. Nous approchons les tendances spontanées d'une personne à être en relation et à s'accorder au monde.

Un MP n'est ni bon ni mauvais en soi, en revanche il peut être approprié ou non à la situation, au contexte, à l'instant, à l'objectif.

Les métaprogrammes : pour optimiser la portée de nos messages

Vous avez beau avoir préparé des arguments pour convaincre vos enfants de l'intérêt de développer leur capacité à ranger leurs affaires et leur chambre, rien ne prouve que ces arguments seront adaptés à chacun d'entre eux. Certains comprendront mieux que d'autres très certainement. Le même message ne produit pas les mêmes effets sur chaque individu. Il convient d'adapter votre communication aux ressorts profonds de vos interlocuteurs. Autrement, vous perdez du temps à vouloir convaincre à tout prix quelqu'un qui ne veut pas entendre vos arguments. En matière de communication, ce n'est pas l'intention qui compte, mais le résultat.

Les théories classiques des motivations nous permettaient déjà de faire des classements pratiques sur ce qui pouvait intéresser les individus. Dans le monde professionnel en management, on parle souvent de la fameuse pyramide de Maslow qui décompose les besoins en cinq catégories : besoins physiologiques, sécurité, contacts sociaux, considération et accomplissement. Les commerciaux apprennent des méthodes rapides de reconnaissance des motivations de leurs acheteurs potentiels. L'approche la plus connue est la grille SONCASS : Sécurité, Orgueil, Nouveauté, Confort, Argent, Sympathie, Sensualité. Ce sont aussi des sortes de MP pour permettre d'analyser plus vite une situation relationnelle.

En fonction de vos objectifs, vous pouvez donc créer vos propres grilles d'observation des motivations. Par exemple, nous connaissons un agent immobilier spécialisé dans la vente de résidences secondaires qui, avant de présenter telle ou telle maison, repère grâce à un questionnaire précis trois critères fondamentaux : le seuil maximum d'investissement qui se cache derrière l'enveloppe annoncée, l'usage recherché de la maison et « qui décide dans le couple ». Après avoir repéré ces trois critères, il observe et écoute plus finement pour organiser et présenter ses arguments. Ses clients choisissent-ils leur maison de campagne pour fuir la ville, la pollution, le stress, ou bien veulent-ils faire du jardinage, ou pensent-ils encore à leur villégiature de retraite ? Sont-ils sensibles à des détails discriminants : tuiles bourguignonnes, arbres fruitiers, lézardes, etc. ?

L'outil métaprogramme permet une observation encore plus fine et augmente ainsi les probabilités d'optimiser la portée de ses messages. C'est une façon de gagner du temps pour mieux rentrer en relation et communiquer.

Certains peuvent y voir une simplification extrême des relations, d'autres à l'inverse une forme de manipulation. La vérité est sans doute entre les deux. On ne manipule pas si facilement les autres et heureusement ! Et vouloir bien comprendre les métaprogrammes de son interlocuteur ou de ses proches demande au préalable beaucoup d'écoute, d'observation bienveillante et de temps consacré à l'autre ce qui est en soi l'inverse de la simplification et des raccourcis.

À la lumière des recherches et des théories de la communication réalisées au cours des trente dernières années, et de notre expérience de conseil et de formation dans des milieux variés, nous vous faisons partager sept repères pratiques pour rentrer plus vite en communication avec les autres, tels qu'ils sont, et non pas tels que vous aimeriez qu'ils soient.

Les différents types de métaprogrammes

La PNL décompose les comportements humains en une vingtaine de métaprogrammes, nous avons choisi de les réorganiser et de les simplifier pour qu'ils puissent être applicables immédiatement par nos lecteurs.

1. Zones d'intérêts privilégiés
2. Registres de compréhension
3. Déclencheurs de motivation
4. Attitudes face aux changements
5. Orientation des actions
6. Systèmes de décision
7. Croyances métaphoriques

Apprécions chacun de ces repères.

LES ZONES D'INTÉRÊTS PRIVILÉGIÉS

C'est ce qui, en tout premier lieu, attire l'attention de la personne. C'est-à-dire ce à quoi elle accorde le plus d'importance dans un contexte précis. C'est la première « porte » que la personne va choisir pour entrer en contact avec la réalité, et trouver ses points de repère. Elle est ainsi rassurée, ce qui lui procure de l'assurance. C'est notre premier filtre pour « voir » la réalité. La PNL utilise une formule devenue célèbre, « la carte n'est pas le territoire », autrement dit la façon dont nous nous représentons la réalité (par exemple sous forme d'une carte géographique pour un lieu) n'est jamais la réalité elle-même. C'est toujours une représentation que nous réalisons par nos tris personnels.

Il existe **5 zones primaires** sur lesquelles nous exerçons spontanément un tri :

- **Personne ;**
- **Activité ;**
- **Lieu ;**
- **Information ;**
- **Chose.**

Imaginez que vous êtes convié à une réunion extraordinaire de locataires ou de copropriétaires. Quelles sont les questions que vous vous posez pendant que vous vous y rendez ?
Si votre question spontanée est :
– Qui sont les participants, qui est l'organisateur, est-ce que je les connais ? Vous avez sûrement un tri Personne.
– Qu'est-ce qu'on va faire, comment la parole va être partagée, quels vont être les horaires ? Vous avez sûrement un tri Activité.
– Où ça se passe, comment va être la salle à manger avec tout ce monde, son appartement est-il sympa ? Vous avez sûrement un tri Lieu.
– Quel est l'objectif, qu'allons-nous apprendre de nouveau sur l'immeuble, est-ce que ça va vraiment m'apporter quelque chose ? Vous avez sûrement un tri Information.
– Est-ce qu'il faut amener de quoi prendre des notes ? Nous fournira-t-on un petit encas ? Y aura-t-il de quoi s'asseoir ? Suis-je habillé correctement ? Vous avez sûrement un tri Chose.

Vos proches et vos interlocuteurs sont comme vous ; ils ont leur « hit parade » d'intérêts. Par exemple, si l'un d'entre eux privilégie les personnes et les activités, vous le convaincrez d'autant mieux que vos arguments porteront sur : « avec qui il partira en vacances et sur quelles activités (sport, plage, visites ?) ». Le fait d'insister sur l'accès wifi ou l'aménagement des chambres avec salle de bain privative n'aura au mieux qu'un effet mineur sur lui, au pire renforcera ses résistances.

LES REGISTRES DE COMPRÉHENSION

Pour convaincre, il est utile de savoir comment votre interlocuteur assimile vos messages et vos explications. Il existe deux grands registres de compréhension : le détail et le global.

Quand vous arrivez dans la salle de réunion de votre assemblée, si vous vous dites : « Cette salle est belle et moderne », vous avez tendance à percevoir globalement l'environnement. Si vous repérez immédiatement la forme des chaises, le tableau de travers, les bouteilles d'eau sur la table, vous êtes plutôt en perception spécifique.
De même en voyant une forêt, certains voient une grande masse verte, la nature en éveil, et d'autres les peupliers, les glands et la taille des feuilles et les bourgeons.
Si vous êtes parent et avez déjà eu recours aux services de baby sitters, vous aurez constaté que certains ont besoin de méthodes précises pour effectuer les tâches qui leur sont confiées, de listes répertoriant les devoirs, le bain, les repas et leurs horaires. Quand un problème se présente, ceux-ci auront tendance à énumérer les étapes successives et à rappeler l'historique de la situation.
D'autres ont besoin d'une vision globale, d'un objectif général : que l'enfant soit couché à telle heure, par exemple.
Par conséquent, si vous voulez présenter efficacement à votre entourage les avantages de votre projet, vous aurez intérêt à l'illustrer selon des formes adaptées à leurs registres de compréhension.

Par exemple, vous voulez proposer une nouvelle destination de voyage à votre compagne ou compagnon, qui va changer ses habitudes. Les tableaux présentant en détail le budget, les dépenses, le circuit avec le type de logement prévu, un descriptif historique et culturel conviendront aux interlocuteurs sensibles aux détails. Une métaphore du type : « l'important n'est pas le résultat c'est le chemin », aura sur les « globaux » un pouvoir évocateur plus puissant : vous avez intérêt à lui présenter les finalités et les objectifs principaux : se retrouver seuls, profiter du soleil, découvrir un nouveau sport etc.

De là naissent parfois des incompréhensions. Par exemple Le « global » trouve le « détail » trop « pinailleur » avec ses questions précises. A contrario, le « détail » trouve le « global » trop « flou » et insouciant.

LES DÉCLENCHEURS DE MOTIVATION

Certains se motivent par nécessité. Ils emploient souvent des termes du type : « il faut », « nous devons », « il convient », « il est nécessaire »... Pour ceux-là, vous devez insister sur la nécessité de changer et d'appliquer de nouvelles règles de vie ou méthodes.

D'autres sont mus par leur envie et les possibilités qui s'offrent à eux. Ils répètent : « il est possible », « j'ai envie », « nous pouvons »... Vous pouvez leur faire entrevoir que le changement ouvre un espace d'aventure et d'expérimentation.

Il existe **4 grands déclencheurs**, chacun a ses préférés :

- **Falloir : il faut que...**
- **Devoir : Je dois...**
- **Pouvoir : Je peux...**
- **Avoir envie : j'ai envie...**

Par exemple, quand votre conjoint vous dit : « Faut-il que je passe chercher les enfants ? », répondez-lui : « Oui il le faut » pour être dans son déclencheur. Répondre : « Oui tu le dois » ou « Oui tu le peux si tu en as envie » crée de la confusion dans sa tête. Ceci bien sûr si vous préférez que ce soit lui qui s'occupe des enfants ce jour là !

LES ATTITUDES FACE AUX CHANGEMENTS

Vous avez déjeuné avec un ami un mois auparavant. Vous le retrouvez aujourd'hui pour déjeuner. S'il vous dit : « allons dans le même restaurant que la dernière fois », il vous signifie qu'il aime bien reproduire les bons moments du passé. S'il vous suggère : « allons dans cet autre restaurant pour voir s'il vaut celui où nous avions déjeuné la dernière fois », il vous indique qu'il aime comparer. S'il vous propose : « allons dans ce restaurant qui vient d'ouvrir », il manifeste son goût pour la nouveauté.

Nous avons tous, face au changement, notre propre résistance naturelle. La majorité d'entre nous est plutôt dans le conservatisme et la comparaison, très peu (moins de 10%) recherchent vraiment la nouveauté.

Pour connaître, votre propre attitude spontanée, posez-vous cette question : quel est le lien entre le travail (ou l'occupation, ou la position sociale) que vous faites aujourd'hui et ce que vous faisiez il y a trois ans ?
Si vos réponses sont du type :

- Je fais toujours la même chose puisqu'il y a trois ans j'avais déjà ces responsabilités, je rentrais tard, j'encadrais déjà une équipe, la direction était déjà aussi pénible, ou bien encore je m'occupe toujours des enfants, c'est moi qui assure toute la logistique, j'étais déjà engagée dans une association caritative, etc. : vous avez sûrement une **approche Pareil**.
- À l'époque, les conditions étaient meilleures, aujourd'hui je gagne plus, c'est beaucoup plus intéressant ou bien les enfants ont grandi, maintenant j'ai une aide à la maison, l'association où je participe a changé d'orientation pour être plus locale, etc. : vous avez sûrement une **approche Comparaison**.
- Eh bien, en fin de compte, cela n'a rien à voir : je suis enfin managé par un vrai chef, je ne voyage presque plus, je suis beaucoup mieux payé ou bien les enfants sont autonomes, j'ai vraiment du temps pour moi, je suis beaucoup plus investi dans l'association etc. : vous avez sûrement une **approche Différent de**.

Lorsque vous souhaitez promouvoir un changement autour de vous, ayez à l'esprit le fait que chacun de vos interlocuteurs sera dans une de ces trois attitudes face au changement, mais que très peu rechercheront spontanément la nouveauté.
Dites en quoi le changement n'est que la continuation de ce qui se

fait déjà, pour ceux qui aiment la similitude. Annoncez les capacités d'évolution à ceux qui comparent les avantages de la nouvelle situation sur l'ancienne. Affirmez que le changement est une rupture par rapport au passé pour ceux qui sont attirés par la nouveauté.

Vous voulez préparer vos enfants à un déménagement et vous présentez votre projet.

- **Pour des enfants en métaprogramme Pareil, vous dites : « Nous vivrons dans un village à l'écart de la ville comme aujourd'hui, vous irez à pied à l'école de la même façon qu'actuellement et il y aura les mêmes installations de sport que vous aimez pour vous faire des copains. L'intérêt est que vous pourrez apprendre une nouvelle langue, dans le même environnement de vie. »**
- **Pour des enfants en métaprogramme Comparaison, vous soulignez les améliorations : « Le lieu est plus près d'une grande ville, plus adapté pour les adolescents qui veulent sortir, vous n'aurez plus à nous demander de vous conduire à chaque fois que vous voudrez voir vos amis. »**
- **Pour des enfants en métaprogramme Différent, vous mettez en valeur tout ce qui est nouveau : « Vous avez un accès direct en 10 minutes au centre ville, la découverte d'une nouvelle culture passionnante et d'une nouvelle langue sera utile toute votre vie... »**

L'ORIENTATION DES ACTIONS

Pour connaître l'orientation des actions de quelqu'un, écoutons comment il présente ses arguments pour nous convaincre de faire quelque chose. S'il s'exprime avec des termes tels que : « pour éviter ce problème », « pour enrayer l'échec scolaire », « pour ne pas reproduire la même erreur », « il faut l'aider pour enrayer sa perte de confiance », cela nous indique que ses actions sont conduites par un souci d'éviter les ennuis, de s'éloigner de...
S'il dit : « gagnons du temps le week-end », « faisons plus de sport »,

« améliorons notre soutien aux enfants », ces expressions nous indiquent que ses actions sont mues par une volonté de progresser, d'aller vers un objectif.
Vous aurez compris, en lisant ces lignes, que vos arguments doivent se synchroniser sur les orientations des actions des autres.

Vous-même, que vous-êtes vous dit en achetant ce livre ?
- « Voilà un livre qui me permettra de comprendre la PNL » : **aller vers**...
- « Voilà un livre qui m'évitera la lecture d'ouvrages beaucoup plus compliqués » : **éviter de**…

LES SYSTÈMES DE DÉCISION

Pour prendre une décision, plusieurs paramètres tournent dans votre tête. À un moment pourtant, vous la prenez. À l'instant où vous choisissez, le bon argument qui vous fait basculer est-il une **référence interne** ou une **référence externe** ?
Comment avez-vous choisi le dernier film vu au cinéma ? L'avez-vous vu parce que votre meilleur ami ou des critiques en ont parlé en bien ? Ou plutôt parce que vous aimez ce réalisateur, le sujet vous passionne ou encore que vous vouliez vous faire votre propre opinion ?

Autre exemple. Vous souhaitez présenter un nouveau projet à votre responsable. Comment faites-vous ?

- **« Vous êtes le premier à qui j'en parle. J'aimerais avoir votre avis et que vous me donniez votre idée auparavant. »**
- **« Voici un projet qui intéresse déjà beaucoup de personnes dans l'équipe et j'aimerais vous en parler. »**

Dans le premier cas, vous vous adaptez à un interlocuteur référence interne. Il décide de lui-même, selon ses propres critères. Dans le second, vous vous adaptez à un interlocuteur référence externe. Il décide en intégrant l'avis des autres.

LES CROYANCES MÉTAPHORIQUES

Nous avons repéré, au cours de nos interventions, sept ressorts psychologiques qui animent les individus, sans qu'ils en soient toujours conscients. C'est une sorte de mode d'emploi de la vie telle qu'ils se la représentent. Ce sont leurs croyances métaphoriques qui déterminent une grande partie de leurs choix et de leurs orientations. Nous vous présentons les plus répandues.

Le combat

Pour ceux qui sont stimulés par le combat, la vie est une lutte, un rapport de force. Ils sont particulièrement motivés quand leur cocon (cellule, groupe d'amis, famille, entreprise etc.) prône la défense de ses frontières face aux attaques extérieures. Le danger et les risques pigmentent leur existence pour défendre leur pré carré, leur idéologie, leurs biens. La bataille contre les concurrents, les pollueurs, les exploiteurs, les voisins, l'équipe adverse, etc. décuple leur ardeur. Avec des personnes mues par cette croyance, il est judicieux d'argumenter en termes de : « mobilisation de tous face aux dangers de », « bataille pour la sauvegarde de… », « nous sommes dans la guerre contre… ».

La compétition

Les personnes stimulées par ce ressort pensent qu'il est important de créer un esprit d'équipe, capable de les hisser à la première place sur le podium. Les autres sont des concurrents potentiels. Il convient de s'entraîner physiquement et mentalement pour vaincre. Les expressions : « gravir les marches du podium », « arriver en tête de la course », « remporter le challenge » conviennent bien à ces personnes mues par ce ressort psychologique. Nous pouvons être encore plus spécifiques, en disant : « Nous allons gravir les sommets » à une personne qui pratique la randonnée alpine, ou « il convient de maintenir le cap » pour un proche qui pratique la voile.

Le sacré

La personne concernée par le sacré estime que sa tâche est une mission. Elle aime répéter à qui veut l'entendre que ce qu'elle fait est dans l'ordre naturel des choses. Cette personne se sent investie de devoirs envers son entourage et les autres plus largement : devoir de bien faire et de satisfaire les clients, les patients, les usagers, les élèves, les fidèles, etc. Les personnes sensibles au sacré sont motivées par les intérêts supérieurs de leur mission telle qu'elles se l'imaginent. Elles se réfèrent à une éthique et à une déontologie privée comme professionnelle. Les formulations telles que « avoir la foi dans nos projets », « notre religion c'est la défense des générations futures », « notre mission est de contribuer au progrès de la société » apportent une dimension sacrée à leur vie.

• Le jeu

Pour ces personnes, la vie est un terrain de jeu. Elles s'en remettent, parfois, au hasard en faisant des paris. Le jeu peut prendre des dimensions perverses et manipulatoires : prêcher le faux pour savoir le vrai, pratiquer le jeu de la vérité ou des insinuations, des rumeurs... Les arguments du type : « vous avez tous le même jeu de cartes au départ, à vous de tirer les meilleures », « nous avons plus d'un atout dans notre jeu », « nous avons perdu un pion mais la partie n'est pas finie », « il y a des gagnants et des perdants » les stimulent.

• La terre

Pour ces individus, chaque acte de la vie quotidienne s'inscrit dans la continuité et l'héritage des générations passées. Ils n'aiment pas se presser, « chaque chose en son temps » semblent-ils nous répéter. Ils sont très attachés à leur groupe local, leur famille, leur entreprise, à l'image du paysan et de sa terre. Les expressions « gardons les pieds sur terre », « faisons fructifier nos idées », « nous semons aujourd'hui ce que nous récolterons demain », alimentent leurs motivations profondes.

• La découverte

Les nouvelles technologies, le digital, une mission de recherche sont autant de stimulants pour les personnes mues par le besoin de découvrir. Elles s'investissent plus pour le sujet (l'innovation, l'outil en lui-même) que pour le projet (l'entreprise, la vie du groupe, l'harmonie de la famille, etc). Les expressions : « Nous allons inventer une nouvelle méthode collaborative », « à nous de découvrir comment rendre accessibles ces nouveaux outils », « nous allons explorer des nouveaux territoires » anticipent leur quête de pionnier.

• L'œuvre commune

Pour ces collaborateurs, la vie est comme une famille, résultat d'une œuvre commune. Pour eux, comptent avant tout les bonnes relations humaines. Ils se sentent solidaires des autres et prêts à les aider en cas de besoin. Ils sont fiers de leur production comme s'il s'agissait d'une œuvre d'art. L'amour du travail bien fait est pour eux une valeur fondamentale. Les expressions « allons tous dans le même sens », « œuvrons ensemble pour rendre le meilleur service », « soyons solidaires entre nous et autour de nous » les poussent à poursuivre l'action.

Le tableau suivant récapitule la description des métaprogrammes de votre interlocuteur et les arguments appropriés pour communiquer avec lui.

Les métaprogrammes révèlent comment chacun d'entre nous a organisé ses « cartes du monde », c'est-à-dire la façon dont nous croyons ce qu'est la réalité. Ils sont le fruit de notre expérience subjective, notre éducation, nos activités professionnelles et personnelles.

Les métaprogrammes nous permettent de comprendre tout ce que nous sommes et ce que nous faisons de façon automatique et inconsciente. Ils contribuent à nous rendre plus tolérants en acceptant d'autres modèles du monde que le nôtre et en communiquant avec ces autres modèles.

Dans un monde de plus en plus complexe, qui adopte des configurations transversales, transnationales, en réseau, des organisations par projets etc. ; la connaissance et l'application des métaprogrammes facilitent le travail entre personnes n'ayant pas les mêmes références.

Décoder les métaprogrammes de ses interlocuteurs, comprendre les siens et leur impact sur les autres est une

façon bienveillante de communiquer et d'interagir plus efficacement. S'accorder aux métaprogrammes des autres c'est aussi un gage de respect, d'efficacité, d'écoute, d'ouverture, de compréhension et de tolérance sans jugement.

Récapitulons les métaprogrammes :

Repère	Description	Exemple d'argument approprié
1- Zones d'intérêts privilégiés	Personne Activité Information Lieu Chose	→ L'équipe sera constituée de... → Vous ferez ceci... → Cela vous apprendra... → Vous resterez en province. → Vous bénéficierez de nouveaux écrans en couleur.
2- Registres de compréhension	Détail Global	→ Voilà précisément ce qui va changer. → Ce changement nous offre les perspectives suivantes...
3- Déclencheurs de motivation	Falloir Devoir Pouvoir Avoir envie	→ Il faut changer. → Nous devons nous adapter. → Nous pouvons y arriver. → Nous avons envie de réussir.
4- Attitudes face aux changements	Pareil Comparaison Différent de	→ Ce changement s'inscrit dans la continuité. → Nous y gagnerons par rapport à la situation antérieure. → Ce changement est une modification radicale par rapport à ce que nous avons fait précédemment.
5- Orientation des actions	Éviter de Aller vers	→ Nous empêcherons nos concurrents des actions de nous devancer. → Nous gagnerons des parts de marché.

Repère	Description	Exemple d'argument approprié
6- Systèmes de décision	Externe	-> D'autres ont déjà réussi en faisant cela.
	Interne	-> La décision vous appartient.
7- Croyances métaphoriques	Le combat	-> Nous sommes dans la guerre économique globale.
	La compétition	-> Nous devons arriver les premiers.
	Le sacré	-> Ayons foi en nous.
	Le jeu	-> Faisons le pari que nous réussirons.
	La terre	-> Sachons conserver nos traditions dans le changement à venir.
	La découverte	-> Ce changement est une opportunité d'apprentissage.
	L'œuvre commune	-> Nous construirons ensemble notre avenir.

EXERCICE

Optimisez la portée de vos messages

Relisez le texte vu en début de chapitre, et – pour chaque personne – repérez les métaprogrammes qu'elle mobilise.

Vos réponses :

Sandra

Xavier

Quentin

Raymond

David

Véronique

Nathalie

Kévin

William

Anatole

Odile

Pascal

Francine

RÉSULTATS :

Sandra :
Tri par Personne : ce sont les gens qui étaient importants.
Approche Pareil : elle retient ce qui était agréable dans deux situations.

Xavier :
Tri par Activité : il retient n'avoir rien fait de spécial et s'être ennuyé.

Quentin :
Tri par Information : il retient surtout les informations relatives à la soirée.
Registre Détail : il a compté les personnes.
Approche Comparaison : il a comparé les âges.

Raymond :
Registre Détail : Raymond a remarqué les tenues et la qualité de la musique.

David :
Orientation Temporelle : il regarde vers le passé, les soirées qu'il faisait avant.

Véronique :
Orientation Éviter de : Véronique voulait avant tout ne plus s'ennuyer seule chez elle.

Nathalie :
Tri par Activité : elle est focalisée sur le fait de n'avoir pas dansé.
Référence Externe : Nathalie attendait que quelqu'un d'autre entame une action envers elle.

Kévin :
Orientation Aller vers : ce qui l'intéresse, c'est son objectif.

William :
Déclencheur de motivation Devoir : il est parti parce qu'il avait une obligation.

Anatole :
Référence Interne : ma décision. J'ai des choses à faire, mais j'ai décidé de venir.

Odile :
Référence Interne : ma décision.
Registre Global : soirée amusante.
Croyance métaphorique Jeu : dans la vie, il faut s'amuser.
Orientation Aller vers : je vais m'amuser.

Pascal :
Tri par Chose : parle des petits fours et des boissons.
Approche Comparaison : des petits fours trop salés et d'une seule sorte.

Francine :
Registre Global : ce genre de soirée nous relie.
Croyance métaphorique Œuvre commune : nous avons quelque chose à faire ensembles.

8

« Si on se disait tout ? » : le métamodèle

Voici une « liste à la Prévert » d'affirmations entendues dans la vie de tous les jours :

- « Depuis toujours, la direction fixe des objectifs impossibles. »
- « C'est bien connu, les hommes politiques ne pensent qu'à leur intérêt personnel. »
- « Un candidat motivé arrive toujours à l'heure. »
- « Pour réussir, un bon commerçant ne doit pas compter ses heures. »
- « Le voisin ne nous dit jamais bonjour, c'est la preuve qu'il n'est pas très intéressant. »

- « Tu as l'air soucieux et stressé. »
- « C'est trop cher. »
- « Notre quartier est une grande famille. »
- « Dorénavant, tout le monde sait ce qu'il faut faire. »
- « L'ambiance est mauvaise dans cette équipe. »
- « Il faut faire de la pédagogie participative aujourd'hui avec les enfants. »
- « Les instructions du Ministère de l'Éducation Nationale sont incompréhensibles. »
- « On nous en demande trop dans les entreprises, on va tous faire un burn out. »
- « Désolé, je dois absolument quitter la réunion. »
- « La défense de l'environnement c'est notre seule solution. »

À votre avis, quels sont les points communs de ces affirmations ? Que trouve-t-on ?
Des affirmations péremptoires, des jugements de valeur, des appréciations subjectives, des personnalisations, des imprécisions de langage, des interprétations hâtives, des confusions entre émotions, faits et opinions.
Les mots et les expressions sont en fait des raccourcis qui expriment des expériences complètes et complexes.
Ainsi, quand un client dit : « Ce qui est important pour moi, c'est le service », il exprime une idée que le mot service ne peut résumer à lui seul. Que représente le service pour lui ? Quel sens donne-t-il à ce mot ?
Le métamodèle est un ensemble d'outils linguistiques qui permet d'obtenir la plus grande précision possible dans la communication avec l'autre.
Découvrons son mécanisme !

« Les limites de mon langage signifient les limites de mon propre monde. »
Ludwig Wittgenstein

Mieux communiquer grâce au métamodèle

Nous avons besoin d'outils linguistiques pour optimiser la communication. En effet, le langage reflète le modèle du monde de celui qui parle. Cette façon de percevoir le monde dépend, d'une part, des représentations issues des perceptions sensorielles et, d'autre part, du langage. Chaque personne possède une carte de la réalité constituée de ses expériences sensorielles, culturelles et de son histoire personnelle ; accompagnée du langage.

Lorsque nous nous exprimons, nos interlocuteurs entendent la structure superficielle donnée par les sons, puis décodent cette musique qui prend alors du sens.

Pour transmettre notre message, représenté dans la structure profonde, nous le transformons en mots et donc en sons qui seront alors entendus par notre interlocuteur. Lui-même transformera notre message en le décodant dans sa propre structure profonde.

Ainsi, un message transmis est d'abord codé par l'émetteur puis décodé par le récepteur. Comme l'émetteur et le récepteur n'ont pas la même représentation du monde il est évident qu'une grande part du message initial sera perdue ou transformée. Dans ce mouvement, ni l'émetteur ni le récepteur ne sont conscients de ces transformations. Autrement dit, il y a beaucoup de chance de ne pas se comprendre.

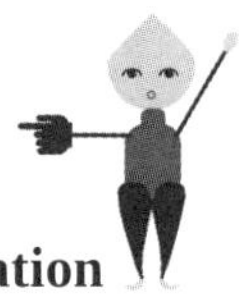

D'après les travaux des linguistes, un énoncé, une phrase possède deux représentations. En premier lieu, l'énoncé possède une représentation phonologique issue des sons entendus. En second lieu, l'énoncé possède une représentation sémantique correspondant à la signification de l'énoncé.

Au-delà de la musique des sons il y a des mots qui transmettent un message et véhiculent une signification particulière.

La représentation phonologique peut être assimilée à une représentation superficielle alors que la représentation sémantique est liée à la structure profonde.

Dans les relations personnelles et professionnelles, le métamodèle est l'outil qui permet d'éclaircir les points obscurs, de combler les omissions, de faire préciser les généralisations et d'éviter les amalgames. Il enrichit la recherche d'informations nécessaires pour traiter un problème, ou pour mieux comprendre le point de vue de son interlocuteur.

Voici les principaux « raccourcis » qui génèrent des accrocs dans la communication et induisent des incompréhensions, voire des conflits : les omissions, les généralisations et les distorsions.

Combler les omissions

L'information peut manquer dans la structure superficielle de l'énoncé lorsque se produisent les omissions suivantes :

OMISSION DE L'OBJET

Votre compagne rentre à la maison et vous dit : « Je suis furieuse ! ». Elle exprime un état et un sentiment, mais ne dit pas l'objet de sa colère.

L'intervention appropriée pour compléter l'information est : « Que se passe-t-il ? » « Contre qui ? » « À propos de quoi ? » Ceci semble naturel mais il existe de nombreuses situations où l'omission ne sera pas traitée.

Voici une procédure de questionnement :
« Nous nous sommes équipés de domotique dans notre nouvelle maison. »
Cette phrase, très simple à comprendre dans sa structure superficielle, demeure en revanche très obscure quant à sa structure profonde. Les informations données sont en effet très floues. Pour les obtenir, plusieurs questions sont nécessaires :

« Qui, nous ? » « Auprès de qui vous êtes vous équipés ? » « Quand ? » « Pour quel usage ? » « Quel type de domotique ? » « Avec quel coût et quelles économies potentielles sur d'autres postes ? » etc.

OMISSION DU SUJET

Il nous arrive fréquemment d'être imprécis, de ne pas spécifier le sujet dans les énoncés que nous faisons.
Nous pouvons dire : « On ne m'écoute pas » ou bien encore : « ça n'a pas d'importance ».
L'intervention appropriée pour accéder à l'information manquante est la question qui fait spécifier le sujet omis.
« Qui ne vous écoute pas ? »
« Qu'est-ce qui n'a pas d'importance et pour qui ? »

OMISSION DU COMPARATIF

Un professeur dit à un élève : « Votre travail est trop superficiel ».
Un ami vous dira : « Dans ta situation, c'est mieux de ne pas prendre de décision pour l'instant » ou encore un vendeur dans un magasin « Cette tenue est la meilleure ».
Dans chacun de ces énoncés, le deuxième terme de la comparaison manque. Il faut donc intervenir en faisant préciser ce deuxième terme et demander :
« Trop superficiel par rapport à quoi, à qui ? »
« C'est mieux que quoi ou c'est mieux pourquoi ? »
« La meilleure par rapport à quelles autres, que quoi ? »

OMISSION DU VERBE D'ACTION

Ces omissions sont très fréquentes. Les verbes y sont plus ou moins imprécis :
« Cette information m'a étonné. »
Cette phrase précise la personne qui est étonnée : « m' » ; mais est imprécise sur l'action se rapportant à l'étonnement. Pour obtenir

cette précision, il faudrait demander « Etonné, comment exactement ? »
« Il m'a bien eu ». Comment vous a-t-il eu ? Qu'est-ce qui vous fait penser cela ?
« Je vais travailler à ce projet ». Comment ? Qu'allez-vous faire exactement ?
Nous avons souvent tendance à demander pourquoi ? Il est préférable pour obtenir la bonne information, de poser la question : « Comment précisément ? » car la réponse vous renseignera mieux sur l'action mise en jeu par le verbe.

Faire préciser les généralisations

La généralisation est un processus qui transforme le concret en abstrait.

LES QUANTIFIEURS UNIVERSELS

Ce sont des adverbes comme « jamais », « toujours » ou bien encore des adjectifs comme « tout, tous ». Ils sont souvent associés dans un énoncé avec des omissions du sujet :
« À la Mairie, ils sont tous pareils. » Il faudrait intervenir à deux niveaux :
« Qui, précisément, à la Mairie ? » mais aussi : « Tous ? » de manière interrogative. « N'y a-t-il pas un membre de la Mairie qui une fois ait tenu parole ? »
Autre exemple :
« Prendre une décision n'est jamais simple. » « Jamais ? »

LES JUGEMENTS DE VALEUR, LES AFFIRMATIONS GÉNÉRALES

« C'est mal de critiquer un camarade. »
« C'est mal de ne pas écouter les autres. »
L'identification de ce genre d'affirmation dont l'origine a été perdue, est intéressante car elle renseigne sur la nature des idées reçues,

des croyances de l'interlocuteur. Il ne s'agit surtout pas de s'opposer à ces croyances, mais plutôt de poser plusieurs types de questions.
« En quoi est-ce mal ? »
« Selon quels critères ? »
« Pour qui est-ce mal ? »
« Qui disait ça ? »
« Comment savez-vous que c'est mal ? »

LES OPÉRATEURS MODAUX DE NÉCESSITÉ, D'OBLIGATION ET DE POSSIBILITÉ

Cette expression désigne l'utilisation des verbes devoir, vouloir, falloir, pouvoir :
« Je dois absolument rendre ce rapport demain. »
« Il faut tenir à ses opinions et les défendre. »
« Il n'est pas possible d'augmenter la production. »
« Il est interdit de dire ce que l'on pense. »
Plusieurs types d'intervention sont possibles pour tenter de « ramollir » les règles qui existent derrière ces expressions :
« Qu'est-ce qui vous empêche de rendre ce rapport plus tard ? »
« Que se passerait-il si vous le rendiez plus tard ? »
En faisant préciser les obstacles, vous amenez l'autre à prendre conscience de ce qui l'a conduit à cette affirmation tout en comprenant la limitation de celle-ci.
« Que se passerait-il ? » permet à l'interlocuteur de prendre conscience des conséquences, des craintes justifiées ou non, liées à la désobéissance à la règle.

LES MOTS « VALISES » OU LES NOMINALISATIONS

Ce sont les noms que nous utilisons pour transformer un processus en un état ou en un événement. Le mot « valise » gèle l'action, car autant il est facile d'intervenir sur quelque chose de dynamique, autant il est impossible d'agir sur quelque chose qui n'évolue pas :
« La communication ne passe pas entre nous. »
L'intervention peut être : « Qui n'arrive pas à communiquer quoi ? »

ou « Tu ne respectes pas ma Liberté » ou encore « Raconte-moi trois exemples que je comprenne mieux s'il te plait. »
Il s'agit donc de changer le nom en un verbe actif.

Faire face aux distorsions

Les distorsions sont principalement les relations de cause à effet, les équivalences complexes et les lectures de pensée. Les distorsions constituent de véritables malformations sémantiques.

LES RELATIONS DE CAUSE À EFFET

Il s'agit de relations arbitraires sans liens logiques entre une cause et son effet. Le lien est uniquement subjectif. C'est X qui produit Y :
« Vous me rendez malheureux » ; c'est-à-dire, « vous », mes parents par exemple, êtes la cause de mon mal être d'adolescent.
Il est possible d'obtenir les informations complémentaires qui vont nous permettre de remonter à l'expérience initiale en posant deux types de questions :
« Comment s'y prend-on pour te rendre malheureux ? » ou bien : « Est-ce que parfois on ne te rend pas malheureux ? ».
Autre exemple : « J'ai eu des problèmes avec vous dans le passé. Je ne veux plus travailler avec vous. »
Question : « Quels problèmes exactement ? »

LES ÉQUIVALENCES COMPLEXES

Dans l'équivalence complexe, c'est X qui prouve Y :
« Il ne m'a pas dit bonjour, il me déteste. »
« Il ne délègue pas, c'est un type autoritaire. »
« Il ne me rappelle pas, je ne l'intéresse pas. »
Il s'agit au niveau de l'intervention de « défaire » ou de « mettre en doute » l'équivalence complexe.
« En quoi ne pas dire bonjour prouve qu'il te déteste ? »

ou bien « Prouvez-moi qu'il vous déteste parce qu'il ne vous a pas dit bonjour ».
Nous verrons plus loin qu'il est possible d'employer d'autres techniques (celle du recadrage notamment) pour intervenir efficacement sur les équivalences complexes.

LA LECTURE DE PENSÉE

C'est l'attitude qui consiste à attribuer à quelqu'un un point de vue, une position, une attitude, sans fondement objectif pour le faire.
« Mon professeur ne m'aime pas. »
L'intervention sera : « Comment sais-tu qu'il ne t'aime pas ? »
Le but du métamodèle est d'obtenir, de manière précise, l'information nécessaire pour travailler efficacement avec quelqu'un et pour atteindre ses objectifs avec lui. Ce but ne sera obtenu avec l'interlocuteur que si le rapport, la relation de confiance, est établie et maintenue avec lui.

On peut récapituler ainsi ces différents métamodèles :

1. Omissions ou faits imprécis		
Omission de l'objet	**Je suis furieux.**	Contre quoi ? Contre qui ?
Omission du sujet	**Ça n'a pas d'importance.**	Qu'est-ce qui n'a pas d'importance ?
Omission du comparatif	**C'est trop cher.**	Par rapport à quoi ?
Omission du verbe d'action	**Cette information m'a étonné.**	Comment précisément ?

2. Généralisations		
Quantifieurs universels	**Ils sont tous pareils. Ce n'est jamais bien.**	Tous ? Jamais ?
Jugements de valeur Affirmations générales	**C'est mal de critiquer un collègue.**	En quoi est-ce mal ? Selon quels critères ? Pour qui est-ce mal ? Qui disait ça ?
Opérateurs modaux	**Je dois rendre ce devoir demain. Je ne peux pas y arriver.**	Que se passerait-il si...? Qu'est-ce qui t'en empêche ?
Nominalisation ou mots « valises »	**La communication est mauvaise.**	Qui n'arrive pas à communiquer avec qui ?

3. Distorsions ou suppositions		
Cause -> effet	**Il m'énerve.**	Comment fait-il ? Est-ce que parfois il ne t'énerve pas ?
Lecture de pensée	**Il ne m'apprécie pas.**	Comment le sais-tu ?
Équivalence complexe X = Y	**Il ne m'a pas dit bonjour, c'est qu'il ne m'apprécie pas.**	En quoi cela prouve-t-il qu'il ne t'apprécie pas ?

Conseils d'utilisation

Ainsi que vous le constatez, l'utilisation du métamodèle sémantique peut devenir TRÈS rapidement TRÈS agaçante pour votre interlocuteur. Pensez bien que cet outil remet en cause la manière de penser de votre interlocuteur, et que c'est donc un outil de désaccord. Ainsi, nous vous conseillons de l'utiliser uniquement dans les cas où l'information manquante – ou généralisée ou distordue – pose véritablement problème dans votre acte relationnel. La seule personne avec laquelle il n'y a aucune contre-indication d'utilisation, et avec laquelle nous vous conseillons même d'utiliser le métamodèle régulièrement, c'est VOUS-MÊME !

Avant d'utiliser le questionnement du métamodèle, il y a toujours lieu de se poser quelques questions :

- **Quel est l'objectif de ma question ? C'est-à-dire : à quoi va vous servir l'information que vous demandez ?**
- **Comment fera-t-elle évoluer les choses ? Dans quel sens ?**
- **Quelle est la question la plus pertinente ? C'est-à-dire : est-ce la question qui fera le mieux avancer la communication ?**
- **Quelle autre question serait mieux appropriée par rapport au résultat que je veux obtenir ?**

Conseils pour l'apprentissage

Ce travail de réflexion préalable nécessite un certain entraînement. Aussi, nous vous proposons d'y aller pas à pas, en suivant la procédure suivante :

- Utilisez d'abord le métamodèle avec vous-même, comme outil de développement personnel, c'est-à-dire, lorsque vous vous parlez à vous-même, soyez attentif à repérer les pièges langagiers que vous vous posez.
- Utilisez ensuite le métamodèle en tant qu'émetteur de messages, et soyez vous-même précis dans votre propre langage envers vos interlocuteurs.
- Utilisez enfin – et seulement après vous être bien entraîné sur ce qui précède – le métamodèle en tant que récepteur en communication, mais en veillant bien à avoir créé un bon rapport (synchronisation)

avec votre interlocuteur – n'oubliez pas que le métamodèle est un outil de guidage.

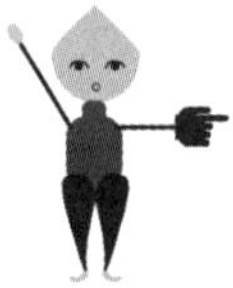

Le métamodèle est un véritable petit bijou en communication, mais il peut aussi démolir complètement le rapport s'il est mal utilisé. Alors, utilisez-le avec beaucoup de finesse, et surtout énormément de bienveillance envers l'autre.

EXERCICE

Évitez les pièges de la communication

Voici un petit texte contenant des pièges sémantiques.
Lisez-le.
Relevez tous les pièges sémantiques qu'il contient (même si vous croyez avoir compris le sens du texte malgré les pièges qu'il contient).
Pour chacun de ces pièges, écrivez la (les) question(s) que vous poseriez pour sortir de ce piège.

« Il faut arrêter de voir toujours les choses comme cela. Il vaut mieux avoir une autre approche, sinon nous resterons tous dans les grandes idées, sans avoir compris les raisons qui déterminent nos choix, ce qui génère du stress et de la méfiance. Par contre, si on arrête, on pourra enfin réussir ensemble et échanger sincèrement si nos décisions sont mauvaises. C'est évident qu'il n'y a pas d'autre moyen si on veut s'en sortir. »

RÉSULTATS :

L'analyse d'un texte en fonction des pièges sémantiques qu'il contient peut aller très loin. Ici, nous retiendrons ceux qui nous semblent les plus évidents, et les plus importants. Dans l'ordre :

(1) « Il faut » : opérateur modal de nécessité.
Question : Que se passerait-il si on continuait ainsi ?

(2) « toujours » : quantifieur universel.
Question : Faites-vous toujours ainsi ? – N'avez-vous jamais fait autrement ? – Pas une seule fois ?

(3) « les choses » : mot non spécifique, omission du sujet.
Question : De quelles choses s'agit-il concrètement ?

(4) « Il vaut mieux » : omission comparative.
Question : Il vaut mieux que quoi ?

(5) « une autre » : absence d'index de référence, omission du sujet.
Question : Laquelle spécifiquement ?

(6) « sinon nous resterons tous » :
- relation de cause à effet (sous-entendu : si nous ne changeons pas d'approche, alors nous resterons tous dans de grandes idées).
Question : En quoi le fait d'avoir une autre approche permettra de ne pas rester dans les grandes idées ?
- généralisation (tous)
Question : Êtes-vous tous dans ce cas ? – N'y a-t-il personne qui fasse différemment ?

(7) « les grandes idées » : absence d'index de référence.
Question : Qu'entendez-vous concrètement par là ?

(8) « sans avoir compris … méfiance » : relation de cause à effet (sous-entendu : si nous comprenions les raisons qui déterminent nos choix, alors nous n'aurions pas – ou moins – de stress et de méfiance).
Question : En quoi l'incompréhension de vos décisions génère-t-elle du stress et de la méfiance ? – Comment concrètement ?

(9) « si on arrête » :
- Pronom non spécifique.
Question : Quelles sont les personnes qui doivent arrêter ?
- Omission simple.
Question : Que devez-vous arrêter concrètement ?

(10) « on pourra enfin réussir » : relation de cause à effet.
Question : En quoi le fait d'arrêter vous fera-t-il réussir ?

(11) « échanger sincèrement » : verbe non spécifique, omission du verbe d'action.
Question : Qu'entendez-vous concrètement par « échanger » ? – Comment savez-vous que vous échangez sincèrement ?

(12) « C'est évident » : présupposé, jugement de valeur.
Question : En quoi est-ce si évident ? – Qu'est-ce qui le rend évident pour vous ?

(13) « s'en sortir » : verbe non spécifique.
Question : Qu'entendez-vous concrètement par là ? – Se sortir de quoi ?

9

La veillée au coin du feu : les métaphores

« Rien ne sert de courir, il faut partir à point. » Jean de la Fontaine. Pour 98 % de nos lecteurs, cette phrase a du sens. La puissance des fables de La Fontaine, des mythes grecs, des paraboles bibliques, des contes et légendes réside dans leurs caractères universels, évocateurs et condensés. Le principe de la métaphore, c'est le principe du mot d'esprit : elle procure du plaisir. La métaphore, telle la fable du lièvre et de la tortue, regroupe des qualités éloignées. Celle du lièvre qui fait des détours, des découvertes, se fait plaisir, et celle de la tortue qui va droit au but, obtient ce qu'elle veut à son rythme, avec lenteur.

La métaphore est une figure de style, une histoire, un proverbe, une légende qui transmet un message à des fins pédagogiques en utilisant un détour sans lien apparent avec l'objectif poursuivi. En d'autres termes, le détour métaphorique est plus rapide que la ligne droite.
Il est, bien sûr, utile de savoir argumenter, contre-argumenter, présenter des données pour faire passer une idée. La métaphore est un effet turbo. Les Américains, jamais avares d'une dernière tendance à la mode, l'appellent le « story telling », l'art de savoir raconter des histoires. C'est pourtant un art vieux comme l'Homme, né avec le langage.

La puissance des métaphores : les émotions et l'inconscient au service de la raison

Les techniques d'argumentation classiques, fondées sur les raisonnements logiques et chiffrés se heurtent parfois aux résistances des interlocuteurs dans les situations tendues ou lorsqu'il s'agit de générer un changement.
Par exemple dire :
- « Si vous n'avez comme seul outil qu'un marteau, vous voyez le monde sous forme de clous », est plus puissant que des arguments de type : « Vous devez changer de méthode pour traiter les problèmes répétitifs que vous rencontrez. »
- « Seuls les bébés mouillés aiment le changement », permet de faire comprendre à vos enfants qu'ils ont la vie trop facile et que cela pourrait changer.
- « Les petits ruisseaux font de grandes rivières », remplace de longs arguments sur des économies à réaliser pour le budget familial.

Vous pouvez aussi raconter de plus longues histoires pour générer des réflexions.
Par exemple, vous trouvez qu'un de vos proches est trop sous l'emprise d'un mentor ou d'un gourou et vous voulez lui faire prendre confiance en ses capacités personnelles :

> « **Le Maître derviche tourneur** est un expert en lévitation que personne n'a vu à l'œuvre. Le Maître explique à un jeune débutant la seule et unique méthode qui permette d'entrer en lévitation. Le Maître est respecté pour sa grande maîtrise ce qui parfois l'amène à un peu de condescendance envers les autres quand il enseigne. Après de longues explications, le Maître rentre chez lui, en barque sur l'autre rive du lac, persuadé que son élève a encore de longs progrès à faire avant de comprendre véritablement comment s'élever. Le soir, méditant sur une pierre, il distingue une silhouette arrivant en survol. La personne marche littéralement sur l'eau. Oh ! surprise, c'est le jeune derviche débutant qui avance d'un pas cadencé à un mètre du sol. Arrivé auprès du Maître, le jeune derviche demande sur un ton respectueux : « Au juste, Maître, je ne m'en souviens plus, dans quel sens doit-on tourner pour pouvoir prendre encore plus de hauteur ? »

La même intention peut être servie par une autre métaphore :

> « **Le plus grand professeur de violoncelle au monde** ne forme qu'un élève à la fois pendant dix ans. La première année, l'élève doit apprendre parfaitement à poser son violoncelle.
> La deuxième année est consacrée à la manière unique de prendre l'archet. La troisième année, à jouer la même note. La quatrième, à faire des gammes. Notons qu'à chaque fois que l'élève ne fait pas exactement tout ce que lui montre le professeur, il est obligé de répéter les gestes inlassablement jusqu'à complète conformité avec les directives du professeur.
> La dixième année est consacrée au Cellokoncert de Dvorak. Le 31 décembre, l'élève passe son examen final devant un parterre de violoncellistes réputés. Ils applaudissent.

Puis le professeur dit à son élève : « C'est très bien, vous savez jouer parfaitement du violoncelle ; oubliez dès maintenant tout ce que je vous ai appris ces dix dernières années pour avoir du talent. »

Comme nous savons que vous aimez les histoires, voici une métaphore qui évoque les particularités des relations interculturelles, dans un monde de plus en plus globalisé où celles-ci sont de plus en plus nombreuses :

Il était une fois un homme d'affaires américain, John, qui arrive au Japon pour faire la promotion de ses produits. Il fait sa première conférence devant ses distributeurs japonais. La salle est comble et l'ambiance morose. Il est vrai que les produits américains de cette société ne décollent pas vraiment sur le marché nippon et les distributeurs locaux commencent à s'impatienter et se plaindre. Comme tout bon homme d'affaires américain, John a bien préparé son discours. Des chiffres, des images, des bons mots pour prouver que c'est une affaire de temps, de courage et d'état d'esprit : Il faut y croire ! Pour finir sa présentation John choisit une petite histoire qui doit résumer son discours et finir sur une note amusante.
Son histoire démarre ainsi : « Il était une fois un loup et un renard. Le loup arrive devant la ferme de Bill, un vieux paysan. Comme les mois précédents, il vient lui manger quelques poules. Mais Bill en a marre de se faire voler régulièrement ses poules et il a donc construit un petit poulailler en bois pour protéger son bien. Oh ! la ! la ! se lamente le loup, il nous ennuie ce vieux Bill, le voilà qui nous complique la vie maintenant, comme si c'était pas déjà assez dur pour nous dans la forêt. Et en maugréant et pestant, le loup se faufile par la fenêtre et arrive tout de même à avaler quelques poules. Sur ce arrive le renard qui découvre la même scène. Tiens, pense-t-il, sacré Bill, le pauvre essaie de protéger ses poules. Ça tombe très bien, il fait un peu froid ce soir, je vais bien manger et ensuite je resterai à l'abri pour la nuit dans le poulailler, bien au chaud. Ce qu'il fait sans plus attendre.

Des semaines se sont écoulées et le loup revient dans la région. Il passe devant la ferme de Bill. Oh, cette fois, c'en est trop, s'écrie-t-il, maintenant son poulailler est entouré d'eau. Il sait très bien que je déteste ça et en plus, par ce froid ! Ça devient de plus en plus dur la vie par ici.
Et c'est encore en pestant contre la terre entière qu'il traverse à la nage pour aller chercher son repas du soir. Peu après, le renard se présente à son tour. Ah, ce Bill, s'exclame-t-il, quelle imagination ! Moi, tout ça me met en appétit, je vais en profiter pour faire un brin de toilette et d'exercice à la nage avant d'aller dîner. Évidemment, Bill qui a perdu une dizaine de poules dans l'affaire est devenu fou furieux et un peu paranoïaque. Il décide d'entourer son poulailler d'un corridor de fil de fer barbelé. Cette fois-ci, se jure-t-il, c'est fini ! Lorsque le loup découvre le spectacle, il tombe presque en sanglots. Mais pourquoi tant de haine, pense-t-il, pourquoi cet acharnement à nous rendre la vie si difficile? Et péniblement il commence à grimper par-dessus les fils de fer. Mais sa pensée est ailleurs, bientôt un faux mouvement puis un autre et le voilà, pour finir, blessé à mort coincé dans les fils. Sur ce, arrive le renard. Ô Bill ! Toujours plus fort. Moi j'adore les difficultés, d'ailleurs ça fait bien longtemps que je n'ai pas aiguisé mes ongles. Allons-y, déclare-t-il avant d'escalader d'une humeur joyeuse le fil de fer. Sans s'en rendre compte, à la nuit tombée, il passe bientôt par-dessus le loup. Ô il est gentil ce Bill quand même, il a même prévu une petite couverture pour que je ne me blesse pas... »
L'interprète prend alors la parole pour faire la traduction. En quelques mots, l'histoire est racontée, traduite en japonais et la salle entière explose alors sous les rires. John, ravi mais un peu intrigué, se glisse vers son traducteur et lui demande : « Comment se fait-il que vous ayez pu traduire en si peu de mots mon histoire ? Je croyais que l'anglais était déjà une langue très concise, mais la langue japonaise, quelle puissance ! Comment avez-vous fait ? » et l'autre de répondre : « Oh, facile, j'ai juste dit que c'était une histoire drôle et qu'il fallait rire ».

La métaphore vise un changement de croyances pour générer de nouveaux comportements

Si, à cet instant, vous vous demandez quelle peut bien être la signification de cette histoire de poules et de Japon, c'est que la métaphore agit...
Les métaphores s'adressent à l'inconscient. Elles nous interpellent « quelque part ».
Nous distinguerons à cela deux raisons essentielles.

PREMIÈRE RAISON : LA MÉTAPHORE MOBILISE LA TOTALITÉ DU CERVEAU

L'argumentation rationnelle, logique, à laquelle nous nous attachons si souvent montre rapidement ses limites. De surcroît l'argumentation appelle la contre-argumentation. La métaphore n'appelle pas de contre-argumentation mais un cheminement intérieur et personnel. Elle réactive les chaînes associatives du cerveau et nous fait retrouver la créativité enfouie depuis notre plus tendre enfance. Avec la métaphore, tout est possible, les espaces de liberté et d'imagination sont illimités.

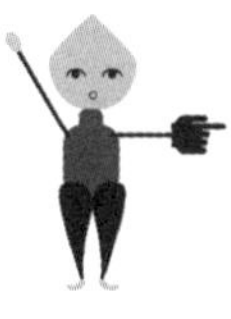

Les découvertes récentes sur le cerveau ont permis de mieux comprendre son fonctionnement, encore mal connu. Le cerveau dit « gauche » est le lieu de la logique, des chiffres, des lignes, de la raison. Le cerveau dit « droit », celui des images, de la couleur, du visuel, des métaphores. Une communication efficace et profonde investit la totalité de notre cerveau, y compris nos pulsions et nos instincts.

Prenons un exemple avec l'exercice suivant : vous allez lire le texte ci-dessous une fois puis fermer les yeux et vous remémorer tous les détails de l'histoire :

« Emmanuelle, Maïlys et Alban sont partis en vélo cueillir des mûres le long des vignes. Alban est sur le porte-bébé du vélo d'Emmanuelle mais il n'a pas de casque. À la sortie de La Rémigeasse, ils prendront à droite avant de longer le camping des dominos. Entre Dolus et le centre équestre, ils trouveront rapidement de quoi remplir le seau de plage de ces délicieux fruits rouges. À leur retour, ils réveilleront Baptiste et Philippine pour prendre le goûter et partir à la plage de Vert Bois. »

Alors ? L'expérience montre qu'en général l'on se souvient de 5 détails (plus ou moins 2). C'est-à-dire au maximum 7 informations. C'est que l'on utilise naturellement plutôt notre cerveau gauche, le rationnel.
Pour développer notre mémoire, il faut utiliser aussi notre cerveau droit : regrouper des mots (par exemple droite/domino), se créer des images mentales (par exemple : un bois vert fluo pour se souvenir de Vert Bois), raconter une histoire pour se souvenir d'un mot (par exemple pour Dolus centre équestre, c'est un cheval qui prend un Dolusprane !).
Et il en va de la mémoire comme de la communication en général. Pour toucher les autres et les convaincre, mieux vaut s'adresser à toutes leurs capacités.
Nos ancêtres devaient avoir l'intuition de la puissance métaphorique car ils usaient des contes, légendes et mythologies depuis des millénaires. Les pédagogues et les communicateurs savent qu'un message ne passe jamais aussi bien qu'avec une anecdote ou une image.

DEUXIÈME RAISON : LA MÉTAPHORE PERMET L'INTÉRIORISATION

La métaphore est l'exploration de terres lointaines : on sait d'où l'on part mais on ne sait jamais où l'on va arriver. La métaphore s'adresse d'abord à l'inconscient, à l'expérience subjective et sensorielle.

À partir d'une même métaphore chacun pourra donc tirer des enseignements ou des nouvelles croyances très différentes. Ce qui est sans aucun doute le cas pour l'exemple de John ci-dessus ; on peut en tirer une multitude de conclusions dont voici un bref échantillon :

- mieux vaut toujours voir les choses positivement dans la vie ;
- plus on cherche à se protéger des autres, moins c'est efficace ;
- si on ne fait que se plaindre on finit par se faire dépasser par les autres ;
- mieux vaut être renard que loup dans la vie ;
- les japonais sont des fourbes ;
- les américains sont superficiels ;
- il faut toujours (ou jamais) préparer une bonne blague quand on parle en public ;
- les traducteurs japonais sont astucieux ;
- le partage des émotions est universel ;
- le rire, c'est bon pour la santé ;
- en communication, ce qui compte n'est pas l'intention, mais le résultat ;
- etc.

Plus la métaphore est riche, plus les enseignements sont nombreux et chacun ira y chercher ses conclusions individuelles au gré de sa sensibilité et de « son histoire » personnelle.

C'est donc la dernière fois que nous nous prêterons à ce type d'exercice car l'efficacité d'une métaphore consiste justement à laisser l'inconscient de notre interlocuteur agir seul.

- **Le premier conseil « d'utilisation »** est donc d'avoir un objectif en tête avant de formuler une métaphore et de le garder pour soi. C'est à chacun de tirer ses propres conclusions et de se les approprier. Et cela même si l'autre nous demande instamment de lui donner une interprétation ou une conclusion. La tentation est grande mais ce serait atténuer la puissance évocatrice de la métaphore. Car l'on s'adresserait alors à nouveau au niveau conscient et rationnel.

- **Le deuxième conseil « d'utilisation »** est de savoir choisir sa métaphore en fonction de l'objectif poursuivi. Une métaphore a toujours pour objectif principal de faire passer un message qui sera mieux compris et mieux mémorisé. Elle peut poursuivre des objectifs secondaires suivant les contextes.

Apprenons donc à mieux comprendre les différents types et savoir comment s'en servir.

LES CITATIONS, ADAGES, PROVERBES : « LE CŒUR A SES RAISONS QUE LA RAISON NE CONNAÎT POINT »

Cette fameuse citation de Pascal est une belle transition. À son époque, avant les découvertes scientifiques sur le cerveau, Pascal avait déjà compris que la raison ne guidait pas seule notre vie. Nos émotions, notre imaginaire sont des parties qui dialoguent en nous et assurent notre identité. Les asiatiques évoquent ces parties par le Yin et le Yang.

Cette citation pour étayer notre propos, est une des formes les plus faciles de métaphore. Faire parler les autres est en effet une métaphore puisque l'on met en scène un tiers et que l'on libère ainsi un pouvoir évocateur. Ainsi en faisant intervenir Pascal à notre côté, nous introduisons une autorité incontestable qui a sans doute éclairé nos années de lycée, à une époque où théoriquement nous écoutions respectueusement nos professeurs de français. Qui oserait prétendre que Pascal a tort ?

De la même façon, suivant les contextes, chacun ira chercher l'autorité dont il a besoin. Un lobbyiste pourra citer « des experts » pour parler de son sujet, ou même un bon client, une référence.
Un manager préférera sans doute citer Jack Welsh, président de General Electric, « le marché est plus grand que nos rêves » pour donner sa vision. Et un autre utilisera Muhammad Ali tel que cité dans le magazine économique américain Success : « Pour réussir, il faut être plus prétentieux que n'importe qui, avoir des objectifs réalistes, une équipe compétente, un entourage loyal et ne pas accepter

les propositions qui ne répondent pas à ses principes. » Par ces citations, on dégage naturellement autorité et crédibilité.
Ou pour transmettre de l'ambition à un groupe sur un projet, préfèrera-t-on : « First is First, Second is Nowhere », de Sebastian Coe célèbre champion Olympique de demi fond, puis Directeur de l'organisation des Jeux olympiques à Londres, coiffant la première place à …Paris.

Mais on peut aussi utiliser des chemins de traverse. Un grand patron, aujourd'hui à la retraite, reconnu pour être un véritable redresseur de sociétés en difficulté, avait ses propres citations qu'il employait, paraît-il, à merveille pendant des années. Par exemple, pour expliquer ce qu'il allait faire quand il arrivait à la tête d'une nouvelle entreprise, il préférait citer sa concierge : « Quand je nettoie les escaliers, je commence toujours par le haut » ! On ne peut pas faire plus imagé et c'est nettement plus drôle que de décrire exactement ce que l'on a dû faire ou va faire.

On voit donc bien qu'une citation peut aussi tout à fait s'inventer et qu'il n'est pas forcément utile de rechercher des citations prestigieuses.

LES MÉTAPHORES SIMPLES : « LA HIÉRARCHIE, C'EST COMME LES ÉTAGÈRES, PLUS C'EST HAUT MOINS ÇA SERT. »

Un exemple facile, mais tellement parlant, n'est-ce pas ?
Ce sont les métaphores les plus courantes. On les appelle aussi des images ou « langage imagé ». Une lecture rapide des journaux de la journée nous en donne à foison. Quelques citations : un technocrate bulgare sur le système de protection sociale dans son pays : « Notre sécurité sociale, c'est comme une vieille pantoufle, on la met jusqu'au bout, on l'use jusqu'à la corde de peur que la nouvelle paire ne soit pas aussi confortable » ; ou encore un représentant syndical pour décrire les salariés non syndiqués qui s'improvisent négociateurs dans les entreprises : « La négociation dans l'entreprise c'est

comme le karaoké, au début on veut pas, on fait le timide, on hésite et puis une fois qu'on a pris le micro on ne peut plus s'arrêter. »
On peut même se demander, à la lecture de certains journaux, si beaucoup de ces citations ne sortent pas directement de l'imagination du journaliste qui relève ainsi gaiement son style journalistique. Mais c'est là une autre histoire...

Comment donc faire ces métaphores simples ou ces « images » ? Elles se font simplement en distinguant d'un côté une nominalisation, un mot « valise » (voir chapitre métamodèle), c'est-à-dire un concept, quelque chose d'immatériel, une définition ; et de l'autre côté quelque chose de concret, avec lequel on peut avoir une expérience sensorielle (toucher, sentir, faire, voir...).

Nominalisation	**Expérience à base sensorielle**
la Sécurité sociale	vieille pantoufle
la négociation dans l'entreprise	karaoké
l'amitié	le chocolat
la responsabilité	le sport
la tendresse	la musique
la beauté	le vélo
la douleur	les fraises

On cherche ensuite les fonctions similaires entre chaque groupe. Ainsi, avec un peu d'imagination, on pourrait coupler tous ces mots. Reprenons juste nos exemples précédents. Le technocrate bulgare aurait pu dire : « Notre Sécurité sociale c'est comme le chocolat, on le déguste tant qu'on peut mais arrivera un moment où la tablette sera finie », et le syndicaliste : « La négociation dans l'entreprise c'est comme la musique, l'apprentissage est long et difficile mais ensuite, on devient vite passionné ». Ou s'il avait voulu dire autre chose : « La négociation dans l'entreprise c'est comme le sport, il y a des gagnants et des perdants. »

La seule limite est celle de notre imagination mais c'est un exercice sémantique extraordinaire qui donne l'impression d'être merveilleusement spirituel. C'est là un de ses objectifs essentiels pour imager son propos ou trouver une belle formule en public.

LES ANECDOTES RÉELLES : SPORT, BUSINESS, POLITIQUE...

Ce sont des métaphores extrêmement intéressantes car elles ne donnent par leur nom, ne s'annoncent pas et se glissent facilement dans un raisonnement, empreintes du sceau de la réalité, donc du vrai. Raconter l'histoire de Steve Jobs qui a commencé dans son garage pour persuader un banquier de vous prêter de l'argent quand on démarre son entreprise, ou raconter la générosité du Pape François ramenant des réfugiés syriens dans son avion pour sublimer son message « nous sommes tous des migrants », sont des façons de travailler un discours sur des analogies.

La métaphore est ici un parallèle. Simplement comme on raconte des exemples ou images réels, on n'est pas en train de « raconter des histoires ». Et pourtant si ! D'autres contextes, d'autres lieux, d'autres gens sont autant de différences et ont un pouvoir évocateur destiné à notre imagination.

D'ailleurs, on peut dire tout et exactement son contraire avec d'autres anecdotes ou faits réels : par exemple, Steve Jobs a justement été viré d'Apple car il était mauvais gestionnaire, le Pape est dans le symbolique mais n'apporte pas de réponse concrète à ce drame humain.
Mais les leçons tirées de l'actualité « font vrai ». Ces anecdotes « réelles » sont passe-partout, faciles à citer, sans que l'on passe pour un gai luron avec ses blagues ou un poète qui raconte des contes de fée. C'est même plutôt le signe d'une certaine autorité, d'un didactisme évident avec la volonté d'illustrer son propos pour mieux le faire comprendre. Très utile donc en entreprise ou en société.

En pédagogie aussi, bien entendu. Ces métaphores, s'inspirant de la réalité et souvent très connues ou déjà commentées dans la presse et autres, portent en elles un message plutôt transparent. Milton Eriksson parle de métaphores de « surface » car elles s'adressent, certes, à un niveau de compréhension inconscient (notre pouvoir d'imagination) mais relativement simple (un message clair).

Les anecdotes facilitent la compréhension et la mémorisation d'un message, plus qu'elles n'influent sur les croyances ou valeurs d'un interlocuteur.

Dans cette catégorie nous incluons toutes les histoires personnelles vécues. On dit aussi « raconter sa vie ». Si l'on veut utiliser ses propres expériences, consciemment en tant que métaphore, elles commenceront à peu près de la façon suivante : « vous savez moi aussi je pensais comme vous et un jour voilà ce qui m'est arrivé... + contre-exemple ». On ne donne pas son opinion, on raconte simplement un morceau de sa vie personnelle. Et on laisse l'autre arriver à la même conclusion, évidente, que celle à laquelle nous sommes arrivés nous-même... Procédé bien plus efficace que de donner sa propre opinion d'emblée.

LES CONTES, MYTHOLOGIES ET AUTRES PETITES HISTOIRES : « IL ÉTAIT UNE FOIS... »

Contrairement aux anecdotes réelles ci-dessus, le fait d'annoncer : « Je vais vous raconter une histoire » indique clairement l'usage d'une métaphore... Quand nous racontons l'histoire de John, le doute n'est pas permis, nous sommes bien dans l'imaginaire. Milton H. Erickson les nomme : métaphores profondes.
En effet, souvent plus longues, moins transparentes, plusieurs conclusions peuvent en être tirées. De nombreux présupposés s'y sont glissés. L'inconscient devra travailler plus longtemps puisque tout est imaginaire et chacun peut y puiser sa propre « morale ». En cela, ce sont des outils de changement qui permettent à l'autre de changer profondément son cadre de réflexion et sa manière d'appréhender son environnement. En allant chercher les réponses par lui-même, il peut accéder à un changement réel de comportement.

Pour plus d'efficacité, il convient de procéder en trois temps :
- **1er temps :** Quelqu'un vous fait une remarque ou a un comportement qui ne vous plaît pas ou vous dérange ;
- **2e temps :** Laisser passer quelques instants, prendre son souffle et annoncer que l'on a une histoire à raconter qui revient en mémoire. La raconter ;
- **3e temps :** Laisser un bref silence, ne pas répondre aux questions éventuelles sur la signification et passer immédiatement à un autre sujet.

Souvenez-vous ! La métaphore fait son chemin toute seule...

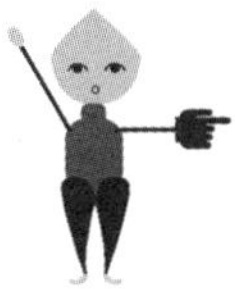

Pour raconter ces histoires sans que cela paraisse bizarre à ses interlocuteurs, il faut en raconter souvent et les habituer à ce mode de communication. Cela peut aussi se faire sous forme d'ancrage (cf. chapitre sur les ancrages). Un parent peut raconter une histoire avant de se coucher à ses enfants. Un manager peut par exemple « ancrer » ses collaborateurs en leur racontant une métaphore à des moments précis. Par exemple, à chaque réunion, lancement de produit, challenge, pots non formels, éditorial de journal interne, etc.

Il est utile de se constituer un stock d'histoires à raconter. Si vous n'avez pas trouvé dans les livres de contes, mythologies, arts martiaux orientaux, etc., l'histoire qu'il vous faut, vous pouvez en créer vous-même. Elle s'adaptera d'autant mieux au message que vous voulez faire passer ! On n'est jamais si bien servi que par soi-même, paraît-il...

L'art de la métaphore demande de la préparation : « Beaucoup de sueur et un peu de génie ».

Relevez les citations intéressantes pour faire passer l'un de vos messages, créez une métaphore simple pour illustrer un discours, préparez une histoire à raconter à vos proches.

Vous pouvez aussi décoder les métaphores des autres. Chacun a des métaphores personnelles qui le guident dans la vie. Ainsi, lors d'un

séminaire sur la négociation commerciale, un de nos participants, sûr de lui, faisait remarquer lors d'un jeu de rôle que de toute façon, dans la vie, il y avait des gagnants et des perdants. Une réponse fut : « Alors tu vas être malheureux car un jour tu vas perdre. »
Cette conclusion a brusquement ébranlé le participant. Au fond, sa métaphore était : « La vie, c'est comme un jeu ». Mais comme toute représentation cela ne peut jamais être la réalité complète. La vie n'est pas plus un jeu qu'une lutte, qu'une guerre, qu'une exploration, qu'un rêve ou que toute autre métaphore.
Démétaphoriser, c'est-à-dire relever les incongruences des métaphores de l'autre, c'est lui permettre d'enrichir sa vision du monde et l'aider à se débarrasser de messages contraignants. De ceux qui, parfois, peuvent guider une vie entière sans que l'on ait perçu la métaphore.

Terminons ce chapitre en vous livrant quelques métaphores à installer dans votre stock personnel :

La métaphore des tailleurs de pierre

Dans cette ville qu'il découvrait, le jeune paysan était fort intrigué. Aussi s'adressa-t-il à ce vieil homme voûté couvert de poussière.
« Que fais-tu, mon brave ?
– Je taille une pierre, ne le vois-tu pas ? »
La sécheresse des propos le surprit, aussi décida-t-il de poursuivre son enquête un peu plus loin.
« Bonjour, dis-moi, que fais-tu de si étrange ?
– Je taille une pierre aussi bien qu'aurait pu le faire mon père, lui-même tailleur de pierre ! »
Décidé à en avoir le cœur net, le jeune remonta la rue et s'arrêta devant un troisième personnage qui arborait un magnifique sourire.
« Tu as l'air bien heureux, vieillard, ne serais-tu pas en train de tailler une pierre comme ces deux autres en contrebas ? »
– Oui, je construis une cathédrale ! »

La métaphore de l'homme pieux

Un bateau coule en pleine mer. Tous les passagers sont évacués par le capitaine. Un homme pieux se tient à l'écart, psalmodiant des prières.

« Allons, mon brave, il faut évacuer, aux chaloupes ! lui lance le capitaine.

– Non. Je reste, Dieu s'occupe de nous.

– Mais non, allez-y, aux chaloupes c'est un ordre !

– Pas question. Je fais confiance à notre Dieu. La prière m'a toujours sauvé. »

Le capitaine, excédé, repart s'occuper d'autres passagers puis demande à deux matelots d'aller chercher le récalcitrant et de l'emporter de force. Mais l'homme se débat, de toute son énergie et, finalement, les deux marins l'abandonnent. Notre homme est bientôt seul sur le bateau qui s'enfonce inexorablement. Il continue ses prières et louanges quand les premiers secours arrivent. Ce sont des sauveteurs professionnels qui bravent la houle en zodiac pour s'approcher de notre homme. Mais celui-ci ne veut rien entendre. Proche de sombrer au milieu des flots, un hélicoptère descend vers lui, lui tend une corde mais il préfère encore continuer ses prières en attendant l'aide de Dieu. Ainsi finit-il par mourir. Furieux, il arrive au ciel.

« Mais enfin, dit-il au premier gardien rencontré dans la maison de Dieu, comment Dieu a-t-il pu me laisser périr dans ces conditions ! Moi qui ai toujours suivi sa parole, respecté ses règles. Je n'ai cessé de faire des prières et des louanges. Pour rien !

– Comment ? lui répond l'autre. Mais vous plaisantez ! On vous a envoyé deux matelots, puis les zodiacs, puis l'hélicoptère... »

La métaphore du soufi

Dans une célèbre école soufie, une jeune recrue apprend les rudiments de la foi. Écoute, lui dit le grand Maître, la prière de notre Dieu, c'est « allyun ohé touha, dzzzzooonng ! ». Et notre jeune soufi de répéter toute la journée « dzzoingggg », non mince « dzzoooonng », oh non, toujours pas.

Les journées passent toujours aussi infructueuses. Le grand Maître se lamente « Vraiment, les temps changent, les jeunes c'est plus vraiment ça, le niveau baisse, la qualité n'est plus là. C'est pourtant pas compliqué "dzzzzooonng" ». Un jour, le grand Maître profite d'un bel après midi ensoleillé pour aller à la pêche sur sa barque. Tout est calme, céleste au milieu du lac.

Tout à coup, derrière lui, lui parvient le bruit horriblement familier d'une voix qu'il ne connaît que trop « Dzzzung, dzzzoooong, dzzoiing ». Excédé, et s'apprêtant à hurler après l'énergumène, il retourne la tête. Il observe alors, éberlué, le jeune soufi chantant ses prières... tout en marchant innocemment sur le lac ! « Ah cher maître, comment c'est déjà le dzzunng ? »

Encore une autre ? D'accord... la dernière. Sachant que toute ressemblance avec des personnages réels et des situations vécues ne saurait être que fortuite.

La métaphore du Bernard-l'ermite

Bernard-l'ermite est un crustacé qui se loge dans des coquilles abandonnées. Au moment où nous écrivons ces lignes, Bernard-l'ermite s'est installé dans une coquille qui commence à devenir trop petite pour lui. Cette coquille lui a procuré jusqu'à aujourd'hui confort et sécurité. Elle lui garantit la vie pour quelque temps encore, mais à terme, elle peut devenir son tombeau s'il y reste trop longtemps. Bernard-l'ermite voit bien qu'à 50 mètres, à droite du gros rocher noir, une coquille magnifique, manifestement plus grande, l'attend. Il hésite, se contorsionne dans sa

coquille actuelle pour trouver un peu plus de place.
De confortable et sûre, la coquille actuelle deviendra angoissante puisqu'elle étouffera Bernard-l'ermite.
Quand se décidera-t-il ? Il se contorsionne et hésite encore et encore. Et puis vient l'instant crucial où il faut absolument changer de coquille. Il se retrouve sur le sable. Tout le fait frissonner, le courant, l'extrémité des algues. Et dans ce moment d'extrême fragilité, il croit voir apparaître l'ombre d'un énorme mérou jaillissant de derrière le rocher noir.

10

« Qui suis-je ? D'où viens-je ? Où vais-je ? » : les niveaux logiques de la pensée

Les chapitres précédents pourraient laisser penser que la PNL est seulement un ensemble d'outils et de techniques, une belle méthodologie de communication. C'est le cas. Mais ce n'est pas tout ! La PNL est aussi sous-tendue par des valeurs humanistes et invite ceux qui veulent appliquer ses outils à s'interroger sur le sens de leur action.
Depuis la nuit des temps, l'homme cherche les réponses aux questions fondamentales de son existence : « Qui suis-je ? D'où viens-je ? Et où vais-je ? ». La question du « sens » a inspiré tous les philosophes.

Quelles sont mes valeurs ? Quelle est la raison d'être de ma présence en ce monde ? Quelle est ma contribution au monde ? À quoi sert mon travail ?
Dans le chaos, la complexité, les contradictions et le stress ambiant, chacun pourrait se perdre en l'absence de sens. Ce chapitre vous invite à la réflexion quant à la direction que vous souhaitez donner à votre vie personnelle, à votre vie professionnelle et à votre existence.

« Je ne commencerai pas à vivre avant de savoir quel est le sens de la vie. »
Roland Barthes /
La Réponse de Kafka

Les six niveaux logiques de la pensée

Imaginez votre enfant revenant de l'école, qui vous présente son bulletin trimestriel. D'une rapide lecture, vous constatez de bons résultats dans la plupart des matières sauf en anglais.
Quelles raisons traversent votre esprit pour expliquer ces moindres résultats en anglais ?
C'est à cause du professeur ?
Vous n'avez jamais su parler anglais dans votre famille ?
Votre enfant est surtout un matheux ?

Ces différentes hypothèses reflètent quelques-uns des niveaux logiques de la pensée, dont l'existence et le fonctionnement ont été mis en lumière par le psychologue Gregory Bateson.

Voici la liste de ces niveaux :

6. Mission
Mon rôle, ma contribution au monde.

5. Identité
Qui je suis, ma place par rapport aux autres.

4. Valeurs-Croyances
Ce que je pense, ce que je crois.

3. Capacités
Ce que je crois savoir faire.

2. Comportements
Ce que je fais.

1. Environnement
Mon contexte.

Les niveaux logiques de la pensée forment une échelle cohérente à propos de nos représentations mentales, de nos croyances conscientes et non conscientes constituant notre vision et conception du monde.

L'ensemble de ces représentations ainsi organisé constitue le système de pensée ou « modèle du monde ».
Ces croyances structurées, articulées dans un ensemble cohérent et logique, sont organisées en paliers, ou niveaux, qui obéissent à des règles de fonctionnement.

L'ENVIRONNEMENT

C'est le contexte dans lequel nous évoluons. Il s'agit de la situation dans son ensemble. L'environnement est l'ensemble des contraintes extérieures auxquelles nous sommes confrontés.
Il regroupe les aspects physiques, climatiques, géographiques, politiques, sociaux ainsi que les autres personnes avec lesquelles nous sommes en relation. Nous y englobons la famille, les relations professionnelles, les autres en général.
Le niveau logique de l'environnement constitue le milieu extérieur dans lequel évolue la personne.
C'est aussi le niveau dans lequel nous pouvons mesurer le résultat de nos actions et/ou inactions, des faits concrets.

LES COMPORTEMENTS

Ce niveau concernant les comportements est celui de nos actes, de nos activités.
Nos comportements ont la particularité d'être observables. Une caméra peut enregistrer un comportement, il se voit, il s'entend. Le comportement est un acte. Ce niveau logique concerne donc les actions tournées vers l'environnement. Nous sommes en contact avec l'environnement grâce à nos cinq sens et aussi grâce aux comportements mis en œuvre dans cet environnement.
Au-delà des comportements tournés vers l'extérieur, visibles et audibles, il y aussi les comportements internes. Ceux-ci concernent notre propre dialogue interne, les images visualisées en interne. S'ils ne sont pas visibles pour un œil extérieur, en revanche la calibration nous permet de détecter les micro-mouvements externes. Il s'agit donc bien de comportements.

LES CAPACITÉS

Il s'agit ici de l'ensemble de nos savoir-faire, de nos stratégies mentales. Nous les mettons en œuvre pour effectuer nos comportements. Sans capacités, il est impossible de réaliser une action. On peut ainsi

comprendre pourquoi des comportements ont parfois du mal à être réalisés par une personne. Cette personne ne possède pas la stratégie mentale, ou la capacité, pour réaliser le comportement.
Cela n'a rien à voir avec un quelconque jugement de valeur.
Une personne peut ne pas réussir ses négociations car elle n'a pas intégré les capacités et les stratégies mentales lui permettant de mettre en œuvre l'ensemble des comportements nécessaires pour une négociation.
Par exemple, la personne a une connaissance livresque de la négociation. Elle sait qu'il faut jouer gagnant/gagnant. En revanche, elle ne sait pas ce que cela signifie en terme de comportements car elle n'a pas intégré de stratégie mentale supportant ces comportements.
La personne reproduit inévitablement ses schémas habituels pour lesquels elle possède une stratégie. Le fait de se former au comportement, par exemple en stage, n'assure pas le fait que l'apprentissage ait eu lieu.
La PNL est comme le karaté, c'est en pratiquant qu'on devient performant, pas en lisant les ouvrages, et les magazines traitant du sujet.

LES CROYANCES ET LES VALEURS

« Si vous croyez que vous ne pouvez pas le faire, vous avez raison ; si vous croyez que vous pouvez le faire, vous avez raison. »
Henry Ford

Ce niveau regroupe nos croyances et nos valeurs. Une croyance est une affirmation personnelle établie comme vraie par le sujet qui la possède. Ce qui est posé comme vrai, beau, bien selon des critères personnels ou sociaux constitue nos valeurs.
Elles servent de référence ou de principe moral.
C'est aussi ce par quoi une personne est digne d'estime sur le plan moral, intellectuel, physique, etc., selon le dictionnaire Robert.
Nos croyances et valeurs sont organisées en un tout cohérent constituant notre modèle du monde. C'est ce que nous explorons en ce moment par les niveaux logiques de la pensée.
Nos croyances et valeurs influencent nos capacités.

La programmation est possible car elle repose sur nos croyances. En séminaire, il est assez courant d'entendre des participants manifester la croyance qu'ils ne retiendront que dix pour cent du contenu. Nous répondons alors par une autre croyance : « Vous retiendrez cent pour cent de ce que vous avez choisi de retenir. »

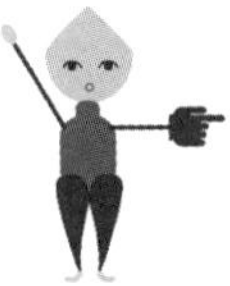

Si les croyances s'énoncent sous forme de proposition affirmative ou négative les valeurs sont, quant à elles, désignées d'un mot. Liberté, égalité, fraternité sont des valeurs. Plusieurs personnes peuvent partager les mêmes valeurs, par exemple amour, gloire et beauté... ce qui explique le succès du feuilleton du même nom. En revanche, elles n'ont pas forcément les mêmes croyances sur les modalités à mettre en œuvre pour satisfaire ces valeurs... ce qui ne facilite pas la communication et crée des conflits, ou des histoires entre les personnes. Ceci explique encore le succès du même feuilleton. Tout le monde ou presque s'y retrouve.

L'IDENTITÉ

Ce niveau concerne l'individu dans son « être » avec le sentiment d'être une personne unique. Le sens de Soi ou l'image de Soi évolue plus ou moins au fur et à mesure que nous vieillissons. Ce niveau est fondamental car il influence les croyances et valeurs afin de former un tout cohérent selon la personne. En se développant l'être humain acquiert son identité et peut intégrer, modifier ses croyances et ses valeurs. L'identité fait aussi référence à la notion de mission, c'est-à-dire l'idée ou l'ensemble des représentations de ce que nous souhaitons accomplir dans notre existence. Il s'agit là de la raison d'être de la personne.
« Qui ai-je envie d'être, de faire ? »

LA MISSION

La mission résonne avec le niveau supérieur spirituel quand l'individu considère son être et son existence dans un ensemble plus grand que lui. Ce niveau spirituel concerne notamment la place de la famille, de la communauté, de la profession, des autres, voire de l'univers dans lequel la personne inscrit son devenir.
La mission confère à la personne une part de son identité souhaitée, consciente ou pas consciente, et donne un sens à l'existence du sujet qui inscrit sa destinée dans un ensemble qui lui paraît cohérent. Mobilisé par sa mission l'individu prend alors sa place par rapport à l'environnement.

Nous pouvons comprendre maintenant l'importance des niveaux logiques de la pensée. Ils constituent l'architecture logique, organisée et cohérente de l'ensemble de nos croyances. Les niveaux supérieurs influencent l'organisation des niveaux inférieurs.
Pour procéder à un changement à un niveau particulier, l'intervention devra se porter sur le niveau au moins immédiatement supérieur.

Un exemple de la vie quotidienne

Revenons à votre enfant et à ses résultats en anglais.
Selon les niveaux logiques de la pensée, votre raisonnement peut s'effectuer de la façon suivante :

ENVIRONNEMENT

En fonction de votre modèle du monde et des croyances qui se situent au niveau logique de l'environnement vous penserez que la cause principale des résultats en anglais de votre enfant s'explique ainsi :

« Ces résultats ne m'étonnent pas car tu n'as pas de bureau pour faire tes devoirs. »
Votre modèle du monde permet d'expliquer l'événement concernant les résultats scolaires en anglais grâce à une croyance portant sur l'environnement.
Dans ce cas, la croyance incrimine l'environnement dans lequel se déroule l'action. Dans cet environnement, il n'y a pas de bureau.

COMPORTEMENTS

Si vos croyances sont situées au niveau logique des comportements :
« Comme tu n'apprends pas tes leçons d'anglais, tu n'as pas de bons résultats. »
Ici, la croyance porte sur une action, sur le comportement d'apprendre ses leçons.

CAPACITÉS

Si vos croyances se situent au niveau logique des capacités :
« Tu n'as pas de bons résultats en anglais à l'école car tu ne sais pas travailler, tu ne sais pas faire tes devoirs. »
Dans ce cas, votre croyance concerne les capacités, le savoir-faire.

VALEURS - CROYANCES

Si votre croyance se situe au niveau logique des valeurs - croyances :
« Tu n'as pas de bons résultats en anglais car tu penses que les langues ne sont pas utiles contrairement aux mathématiques, aussi tu ne fais pas les efforts nécessaires. »
Ici la croyance porte sur une valeur, celle de l'utilité. Son absence exprimée dans la croyance « les langues ne sont pas utiles », suffit à justifier le choix de ne pas faire les efforts pour apprendre.

IDENTITÉ

Si la croyance se situe au niveau logique de l'identité :
« Comme tu es un matheux, tu ne consacres pas le temps nécessaire à étudier les matières telles que les langues, aussi tu n'as pas de très bons résultats dans ces domaines. »
Ici la croyance porte sur l'identité de la personne, le verbe être est utilisé : tu es un matheux. Ce niveau concerne la personne dans son être, dans son identité propre être ou ne pas être matheux. Cela est très important car il ne s'agit plus d'un attribut, avoir ou ne pas avoir mais être concerné au plus profond de ce qui caractérise la personne.

MISSION

Si la croyance se situe au niveau logique concernant la mission :
« Tu n'as pas de bons résultats en anglais car tu ne sais toujours pas ce que tu veux faire plus tard. Certes, tu es plutôt matheux, mais dans la vie, il est important de savoir ce qu'on veut ! »
La croyance ici se situe au-delà de celle portant sur l'identité intrinsèque de la personne. Il s'agit ici du niveau de la mission où la personne se représente dans ce qu'elle souhaite apporter aux autres, ou à elle-même.
Le niveau de la mission concerne la place de l'individu dans le monde, voire dans l'univers.

L'identité concerne l'individu dans ce qu'il est, ses origines, ses valeurs, ses croyances, ses relations. La mission concerne la place que l'individu choisit d'accorder à ses actions par rapport à lui et aux autres. Les croyances à ce niveau concernent le sens que la personne souhaite donner à son existence.

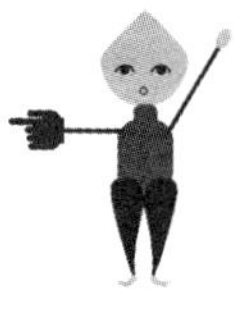

À travers ce simple exemple, nous percevons en quoi les niveaux logiques de la pensée ont une importance considérable.
Selon Gregory Bateson, pour réussir un changement portant sur un niveau particulier, il conviendra d'agir sur un niveau de rang supérieur.

Ainsi, pour obtenir un changement dans l'environnement, il conviendra de mettre en œuvre des comportements adaptés. Cela semble évident.
Pour mettre en mouvement les comportements, il convient d'avoir les capacités, c'est-à-dire avoir intégré les stratégies mentales propres à supporter les comportements.
Pour avoir les capacités de mettre en œuvre les comportements, il convient d'avoir des valeurs en adéquation avec ses comportements et ses capacités. Il est difficile de faire des actes, comme d'en être capable, si ces actes ne correspondent pas à nos valeurs ou si nous croyons qu'ils ne sont pas possibles.
Il est ainsi difficile, voire impossible, de vouloir apprendre un comportement à quelqu'un qui croit ne pas en être capable. Il sera vain ou inutile de le former au comportement particulier. En revanche, il sera plus efficace d'agir sur sa croyance de n'être pas capable de.

Appliquons cela à notre exemple. Imaginez que votre enfant ne fait pas ses devoirs d'anglais car il pense qu'il n'est pas capable d'apprendre l'anglais.
Il est inutile de lui donner des cours supplémentaires d'anglais, ils ne traiteront pas sa croyance. En revanche, cherchez plutôt avec lui comment il en arrive à croire qu'il n'est pas capable d'apprendre l'anglais alors qu'il est capable d'apprendre les autres matières.
Les cours deviendront très efficaces quand votre enfant s'imaginera capable d'apprendre l'anglais comme les autres matières. Il peut y mettre la même énergie, les mêmes méthodes de travail.

Néanmoins, il peut aussi arriver que votre enfant change ses représentations mentales sur sa capacité à apprendre l'anglais par l'expérience elle-même. En apprenant, il constate que c'est plus facile que prévu. « C'est en forgeant qu'on devient forgeron. »

Un exemple de la vie professionnelle

La logique des niveaux s'applique également aux situations professionnelles.
L'exemple se déroule dans un hôpital. Il avait été décidé de former les infirmières et les brancardiers, sur la conduite à tenir auprès des malades lors des transferts de la chambre vers le bloc chirurgical.
Ces formations avaient été souhaitées pour pallier un inconvénient important : selon la manière dont il était transporté, le malade présentait un stress plus ou moins élevé avant l'intervention. Or, pour pouvoir opérer dans de bonnes conditions, le patient doit être détendu, et les chirurgiens et médecins anesthésistes perdaient souvent un temps précieux à faire retrouver le calme à leur patient.
Bien que les formations se fussent déroulées dans de bonnes conditions, on n'enregistrait que de faibles résultats opérationnels.
En examinant cet exemple, à la lumière des niveaux logiques, nous découvrons que l'objectif de la formation était de changer des comportements. La solution formation, dans ce cas, a consisté à apprendre de nouveaux gestes, de nouveaux comportements professionnels. Selon les niveaux de la pensée, il aurait été nécessaire de prêter attention aussi au niveau immédiatement supérieur, celui des capacités à faire les nouveaux gestes.

Dans cet apprentissage, les brancardiers et les infirmières devaient changer de stratégies mentales pour obtenir la mise en œuvre de gestes permettant de transporter les malades dans un bon niveau de confort.
Pour y parvenir, il a finalement suffi de les faire retravailler sur l'appropriation du sens de cette tâche particulière et de parler de leur mission auprès des malades et des chirurgiens : amener les malades dans le meilleur état physique et moral possible au bloc chirurgical.
Leur rappeler que cela est très important pour eux et les médecins, puisqu'un niveau de stress normal chez le patient permet que l'opération démarre à l'heure et qu'elle soit bien vécue par l'opéré.
Une fois que les infirmières et les brancardiers eurent intégré le sens

de leur tâche et de la formation, les résultats furent très vite satisfaisants. Les brancardiers et les infirmières portaient toute leur attention sur le malade, celui-ci était toujours accompagné par quelqu'un.

Quand la mission professionnelle par rapport à l'autre est comprise, elle est intégrée car elle est en cohérence avec l'idée que se fait l'individu de sa mission personnelle et de son identité. Alors, la personne trouve d'elle-même les comportements adéquats.
Bien des mises en œuvre de changements échouent dans les entreprises pour ces mêmes raisons : les personnes ne modifient par leur comportement car elles n'ont pas compris, intégré ou accepté la mission qui leur est confiée.

Ces connaissances étant acquises, nous vous convions maintenant à vous les appliquer pour réfléchir sur le sens que vous voulez donner à votre existence.

Identifier ses valeurs et sa direction de vie

Nous venons de voir l'importance fondamentale des valeurs, de l'identité et de la mission. Leur influence est considérable pour la mise en œuvre de nouveaux comportements.
Ce qui suit a pour but de vous aider à réfléchir à vous-même, à vos valeurs, à votre existence et à la direction que vous souhaitez lui donner. Ce travail est tout à fait personnel. Vous êtes-vous déjà posé la question : « Quelle est la personne que je souhaite être ? »
Nous vous proposons un parcours dans lequel vous êtes invité à penser à vos valeurs.

- **Un premier travail** consiste à identifier vos valeurs recherchées. Ce sont les valeurs que vous souhaitez satisfaire dans votre existence.
- **Dans une seconde phase,** vous mettrez en évidence vos anti-valeurs, les valeurs évitées, celles qui ne sont pas les vôtres.

- **Plus loin,** votre réflexion vous conduira vers votre mission. Que souhaitez-vous faire dans votre existence, quelle personne avez-vous envie d'être ?

Ce travail s'effectue à votre propre rythme, il dépend beaucoup de votre réflexion personnelle sur le sujet. Munissez-vous du matériel nécessaire pour prendre des notes. Concentrez-vous sur vous.

COMMENT METTRE EN ÉVIDENCE LES VALEURS ?

Les valeurs recherchées

Dans cet ouvrage la notion de valeur correspond à la définition la plus large, à savoir : ce qui compte pour moi et qui a de la valeur, est une valeur.

Cela concerne aussi bien les valeurs :

- **morales :** le bien, le mal, l'honnêteté, la responsabilité, etc.
- **esthétiques :** la beauté, la spiritualité, le charme, etc.
- **matérielles :** la richesse, la réussite, le luxe, etc.
- **intellectuelles :** la rigueur, la vérité, l'objectivité, etc.
- **affectives :** l'amitié, l'amour, le bonheur, etc.

Interroger son système de valeurs est l'occasion de trouver des sources de mobilisation personnelle pour faire ses choix tout en étant en accord avec soi-même et cohérent dans ses relations aux autres et sa place dans la société. Tout individu ou groupe social agit selon son système de valeurs. Influencer les autres c'est intervenir dans leur système de valeurs.

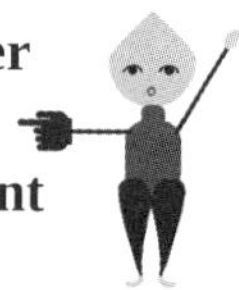

Dans l'exercice suivant, il s'agit d'établir la liste des valeurs que vous cherchez à satisfaire dans votre existence.

Posez-vous la question suivante : « Quelles sont les huit à dix valeurs les plus importantes pour moi dans mon existence ? »

Hiérarchisez alors les valeurs de cette liste. Pour cela, confrontez-les toutes les unes aux autres en procédant deux par deux et en vous demandant : « Si je ne pouvais en conserver qu'une seule sur les deux, laquelle choisirais-je ? »

Les valeurs en évitement ou anti-valeurs
Il convient ici de dresser la liste des valeurs que vous ne souhaitez pas du tout satisfaire dans votre existence. Ce sont les valeurs en évitement. Ce ne sont pas vos valeurs. Il ne s'agit pas forcément des valeurs recherchées transformées en négatif.
Demandez-vous : « Quelles sont les huit à dix anti-valeurs que je souhaite éviter dans mon existence ? »
Hiérarchisez alors les anti-valeurs de cette liste. Pour cela, confrontez-les toutes les unes aux autres en procédant deux par deux en vous demandant : « Si je ne pouvais en rejeter qu'une seule sur les deux, ce serait laquelle ? »

COMMENT TRADUIRE LES VALEURS RECHERCHÉES EN ACTIONS CONCRÈTES ?

Le travail à réaliser maintenant est capital. Il est important de connaître ses valeurs recherchées et il est encore plus important de savoir traduire ces valeurs en actions concrètes. Cette étape permet de transformer l'intention en acte.
En tant que personne et pour vous-même le travail suivant consiste à traduire en actions concrètes les valeurs que vous avez mises en évidence.
Pour les valeurs recherchées, vous associerez un ensemble de critères qui permettent de traduire ces valeurs en actions. Pour cela, complétez la phrase suivante : « Je satisfais ma valeur... chaque fois que je... »
Par exemple, si la valeur est vivre en harmonie :
« Je vis en harmonie chaque fois que je consacre du temps pour jouer avec mes enfants. »

Citez deux, trois, voire quatre actions.

- ______________________
- ______________________
- ______________________
- ______________________

COMMENT TRADUIRE LES ANTI-VALEURS EN ACTIONS CONCRÈTES ?

La procédure décrite ici permet de traduire aussi en actions concrètes les anti-valeurs que vous souhaitez éviter. Elle est un peu plus complexe que la précédente.
La phrase à compléter est la suivante : « Je ne satisfais pas l'anti-valeur... chaque fois que j'évite de... et qu'au contraire je... »
Par exemple avec l'anti-valeur « se sentir prisonnier » :
« Je ne me sens pas prisonnier chaque fois que j'évite de garder pour moi mon opinion et qu'au contraire je l'exprime librement. »
Citez deux, trois, voire quatre actions.

Citez deux, trois, voire quatre actions.

- ____________________
- ____________________
- ____________________
- ____________________

Déterminer sa mission

Les niveaux logiques de la pensée sont tout à fait éclairants sur un plan individuel.
Ils sont également fort utiles sur un plan professionnel.
Toute activité professionnelle suppose des comportements, des capacités, des valeurs, une identité, une mission, une vision de l'activité, le tout orienté vers un environnement.
Nous avons vu que la mission est constitutive de l'identité.
En tant que personne, vous pouvez décider du sens à donner à votre existence.
Par ailleurs, votre rôle de responsable, de manager ou de leader vous confère également une identité professionnelle.
Dans le cadre du travail, votre mission est cohérente par rapport à votre identité professionnelle et aux valeurs mises en jeu.

En tant que manager ou leader, votre rôle consiste à accomplir une mission avec votre équipe. L'accomplissement de cette mission suppose une représentation partagée et commune de la vision vers laquelle vous souhaitez aller en tant qu'équipe. Par ailleurs, la mission confère une certaine identité à l'équipe et à chacun des membres.

La réflexion sur les niveaux logiques a pour enjeu de clarifier vos valeurs et votre mission personnelles. Vous pourrez étendre ce travail aux valeurs et mission de votre équipe ou de votre entreprise.

COMMENT DÉTERMINER SA MISSION PERSONNELLE ?

Installez-vous dans un endroit que vous appréciez, dans une position physique favorable à la réflexion personnelle.
Imaginez que vous voyagez dans le temps pour parvenir à ce moment où vous avez entre 90 et 100 ans.
« Voilà, j'ai 90, peut-être 100 ans, je contemple ma vie. Elle a été heureuse, réussie, accomplie et je regarde tout ce qu'il y a de significatif pour moi dans ce que je vois de mon existence. »
Après avoir accompli ce voyage, émouvant peut-être, imprégné de toutes vos sensations et pensées, rédigez votre mission.
Il s'agit d'une synthèse, d'une sorte de métaphore globale qui exprime le sens général que vous souhaitez donner à votre existence.

Cette mission reflète le meilleur de vous-même. Elle fournit la direction de votre vie. En même temps, elle est motivante et source d'inspiration.

La mission vous concerne complètement au niveau de votre identité. Vous êtes tout entier investi dans cette direction.
La mission peut se décliner en actions que vous souhaitez réaliser.
La mission est un but très large vous concernant intimement vous et les autres.
Cette mission a aussi une résonance émotionnelle forte par son impact affectif. Cette mission revêt une importance capitale.

SYNTHÈSE DES VALEURS ET DE LA MISSION

Quand vous aurez accompli toute cette recherche personnelle sur votre mission et vos valeurs, alors vous pourrez en effectuer un document de synthèse afin d'en obtenir une vision globale.
Le document retrace votre mission, les valeurs recherchées et celles en évitement.
Par la suite, en repensant à toute cette élaboration, vous pourrez définir trois objectifs forts, personnels et professionnels, pour l'année à venir.

EXERCICE

Synthèse des valeurs et de la mission

Établissez dans ce tableau la synthèse de vos valeurs recherchées, anti-valeurs et objectifs.

MA MISSION

Les anti-valeurs	**Mes valeurs recherchées**

3 objectifs forts pour l'année :

1.

2.

3.

COMMENT DYNAMISER SES OBJECTIFS ?

Notre parcours nous amène maintenant à reprendre l'ensemble des points évoqués pour les intégrer dans une démarche de dynamisation des objectifs.
Aligner un objectif sur les niveaux logiques de la pensée permet de le valider et de lui donner un caractère motivant.
La validation consiste à questionner l'objectif à chaque niveau logique afin de vérifier sa pertinence et sa cohérence.

- **Niveau de l'environnement :** « Où et quand dois-je atteindre mon objectif ? »
- **Niveau des comportements :** « Quels comportements dois-je mettre en œuvre, que dois-je faire, dire, etc. ? »
- **Niveau des capacités :** « Suis-je capable d'avoir ces comportements ? »
- **Niveau des valeurs et croyances :** « Pourquoi cet objectif ? » ; « En quoi est-ce important pour moi que j'atteigne cet objectif ? »
- **Niveau de l'identité :** « Suis-je en accord avec moi-même si j'atteins cet objectif ? » ; « Est-ce en accord avec ma mission ? »
- **Niveau de la mission :** « En quoi est-ce important pour moi et pour les autres que j'atteigne cet objectif ? »

L'ensemble de la réflexion menée au cours de ces pages vous a permis de situer vos objectifs et enjeux personnels dans un contexte large intégrant vos valeurs et votre mission. Nous vous conseillons de vous poser la question du sens de votre vie lors des « virages » de l'existence : premier emploi, promotion, changement d'emploi, mariage, naissance d'un enfant, déménagement, deuil, retraite, départ des enfants...
Ces concepts, comme la démarche, sont tout à fait applicables aux objectifs professionnels.
Vous êtes-vous demandé quelle est la raison d'être de votre travail ?
Les enfants eux-mêmes pensent leur avenir dès leur plus jeune âge et imaginent qu'ils seront pompier, cosmonaute, docteur, infirmière, coiffeuse, footballeur par exemple.
L'être humain aime se projeter dans le futur et en lien avec les autres.

Conclusion

Le courrier imaginaire de nos lecteurs

« Ce livre va me permettre de connaître les outils de la PNL. Vais-je pouvoir les appliquer facilement ? »
Notre réponse : L'application de la PNL repose bien sûr sur des entrainements pratiques et surtout sur votre état d'esprit. Pour bien communiquer avec les autres, écoutez-les, acceptez qu'ils aient d'autres convictions que les vôtres, trouvez des compromis acceptables pour vivre et travailler ensemble. Soyez ouvert aux autres, quitte à commettre des maladresses avec les outils de la PNL. Ces maladresses techniques sont préférables à des promesses au service de la manipulation et des abus de pouvoir.

Un lecteur novice découvrant pour la première fois la PNL

« Ce livre est un peu léger pour celui qui veut être "master" en PNL. Il manque : l'effet de seuil, la fête des parties, la guerre des cadres, le changement d'histoire, la ligne du temps, les expériences de référence irrésistibles... et j'en passe. »
Notre réponse : Oui, ce livre est incomplet. Nous avons choisi de présenter les techniques et outils principaux avec un vocabulaire accessible. Nos lecteurs sont des femmes et des hommes qui souhaitent mieux communiquer avec les autres, être bien avec eux-mêmes et progresser en sérénité et en efficacité dans leurs relations personnelles.
Certains achètent par goût une Ferrari ou une Porsche pour « circuler » sur le périphérique parisien à 19 heures.

L'expert en PNL

« Comment faire, avec la PNL, pour que nos enfants réussissent dans la vie et soient heureux ? »
Notre réponse : Cultivez leur confiance en eux par les ancres, apprenez-leur à se fixer des projets atteignables, personnels et cohérents avec vos choix de vie et vos valeurs. Éveillez-les sur les pièges du langage et des expressions toutes faites : « Je n'y arriverai pas ! », « Ce n'est pas pour moi », « Tout le monde pense que… »
Et pour vous-mêmes, faites attention aux deux tentations classiques des parents qui veulent bien faire : « Reste petit » ou « Dépêche toi de grandir ».

Des parents

« La PNL peut-elle aider en management, pour partager le projet de l'entreprise avec tous les collaborateurs ? »
Notre réponse : Oui. En précisant quels sont les services que l'entreprise rend à ses clients, aux usagers et à la collectivité, vous apportez du « sens » au travail de vos collaborateurs.
Veillez à ce que vos attitudes et comportements ainsi que ceux de vos managers soient cohérents avec les valeurs affichées. Veillez à ce que vos collaborateurs apprennent en permanence dans un monde où il convient de s'adapter, voire anticiper les évolutions de l'environnement. Et acceptez que certains soient en désaccord avec vous et l'expriment. L'entreprise est, par essence, une organisation où des logiques et des enjeux différents et contradictoires cohabitent.

Un dirigeant d'entreprise

« Si j'ai bien compris, on peut tout vendre grâce à la PNL ? »
Notre réponse : un client achète un produit ou un service qui est supposé satisfaire des besoins. Les critères du client, et en particulier des acheteurs professionnels, sont la qualité perçue et le prix perçu par rapport à l'offre des concurrents.
Les techniques de la PNL permettent de faire émerger d'autres critères et de rendre les relations avec le vendeur agréables pour le client. L'application de la PNL est un avantage concurrentiel, elle ne saurait compenser les inconvénients de vos produits et services aux yeux des clients.

Un commercial

« C'est bien joli tout ça, mais ce n'est pas la recette qui fait le bon plat. »
Notre réponse : Comme nous l'indiquions dans l'introduction de ce livre, la PNL existe depuis les années 1970. L'espèce humaine ne l'a pas attendue pour accumuler des réussites !

Une grand-mère

« Mon objectif est d'être beau, j'applique la méthode de la "stratégie d'objectif " et pourtant je reste laid. »
Notre réponse : Voici une histoire : un bègue se plaint à un ami : « J'en en ai ai as... ass... assez d'ê... être bê... e... gue ». Son ami lui répond : « Va faire un stage de PNL, qui sait ? » Aussitôt dit, aussitôt fait.
Deux semaines après, le bègue est tout à fait souriant. Son ami lui dit :
« Si j'ai bien compris, grâce à la PNL tu ne bégaies plus ? »
– Si-i, mai... ais, main... ain... tenant... nant je-e m'en mo... oq... que »

Un homme qui se déclare laid

Et pour terminer :

Nous venons de surprendre une conversation entre un dieu et un diable à propos de ce livre. Le diable demande au dieu :
« Quel est ce livre ? »
Le dieu : « Un guide pratique sur la PNL. »
Le diable : « C'est quoi ? »
Le dieu : « Une réalité. »
Le diable : « Peux-tu me le prêter, que je le transforme en vérité ? »

« La vie nous donne toujours un espoir qui s'appelle demain. »
Paul Fort

Bibliographie

Bandler Richard et Grinder John, *Les secrets de la communication : les techniques de la PNL,* J'ai Lu, 2011.

Bateson Gregory, *Vers une écologie de l'esprit,* Le Seuil, 1995.

Hall Edward, *Le langage silencieux,* Le Seuil, 1984.

Bandler Richard, *Un cerveau pour changer : Comprendre la PNL,* Pocket, 2008

Cudicio Catherine, *Le grand livre de la PNL : Découvrir les concepts de base, Mettre en oeuvre les techniques pas à pas, S'entraîner...,* Eyrolles, 2015